MARCO POLO

MADRID

MARCO POLO KOAUTORIN
Susanne Thiel

1991 kam Susanne Thiel nach Madrid, schmiss die geplanten 18 Monate über den Haufen und blieb. Viele Jahre arbeitete sie u. a. als Onlineredakteurin diverser Madrid-Portale. Mittlerweile ist sie Koordinatorin bei der Friedrich-Ebert-Stiftung Spanien, Eventplanerin und Stadtführerin mit jeder Menge Herzblut. Sie hat ein Buch über ungewöhnliche Orte in Madrid geschrieben und lebt im schönen Viertel Chamberí.

GRATIS

DIE TOUREN-APP

zu den Erlebnistouren zeigt, wo's langgeht:
inklusive Tourenverlauf und Offline-Karte

EVENTS & NEWS

Schnell die wichtigsten Infos auf dem Smartphone:
Events, News, neue Insider-Tipps und ggf. aktualisierte
Erlebnistouren als PDF zum Downloaden

HOLEN SIE MEHR AUS IHREM MARCO POLO RAUS!

SO EINFACH GEHT'S!

1 go.marcopolo.de/mad

2 downloaden und entdecken

GO!

OFFLINE!

SYMBOLE

- INSIDER TIPP Insider-Tipp
- ★ Highlight
- ●●●● Best of ...
- Schöne Aussicht
- Grün & fair: für ökologische oder faire Aspekte
- (*) kostenpflichtige Telefonnummer

PREISKATEGORIEN HOTELS

€€€	über 130 Euro
€€	80–130 Euro
€	bis 80 Euro

Die Preise gelten für ein Doppelzimmer ohne Frühstück pro Nacht

PREISKATEGORIEN RESTAURANTS

€€€	über 40 Euro
€€	20–40 Euro
€	bis 20 Euro

Preise für ein Menü mit Vorspeise, Hauptgericht und Dessert, aber ohne Getränke

 Titelthemen: Madrid Río: zurück zum Fluss S. 53, 96 | Kultur im ehemaligen Schlachthof S. 81

GUT ZU WISSEN

Sport-Schau → S. 24
Flucht aus dem Prado → S. 32
Fit in the City → S. 41
Lieblings(adr)essen → S. 60
Spezialitäten → S. 62
Zusammen oder getrennt? → S. 65
Einfach mal auszeiten → S. 79
Nur nicht (ver)schlafen → S. 88
Was kostet wie viel? → S. 112
Lesehunger & Augenfutter → S. 113
Wetter → S. 114

KARTEN IM BAND
(122 A1) Seitenzahlen und Koordinaten verweisen auf den Cityatlas und die Umgebungskarte Madrid mit Umland auf S. 134/135
(0) Ort/Adresse liegt außerhalb des Kartenausschnitts. Es sind auch die Objekte mit Koordinaten versehen, die nicht im Cityatlas stehen

(🗺 A–B 2–3) verweist auf die herausnehmbare Faltkarte

UMSCHLAG VORN:
Die wichtigsten Highlights

UMSCHLAG HINTEN:
Metroplan

Die besten MARCO POLO Insider-Tipps

Von allen Insider-Tipps finden Sie hier die 15 besten

INSIDER TIPP **Ein ganzer Platz als Open-Air-Lokal**
Die *Plaza Olavide:* einer der schönsten Plätze Madrids voller Straßencafés in einem Viertel abseits der Touristenströme → S. 59

INSIDER TIPP **Ein Garten wie ein Gedicht**
Versteckt zwischen Messe und Flughafen liegt der Park *El Capricho de la Alameda de Osuna* mit romantischen Ruinen, Wasserspielen und einem Labyrinth → S. 51

INSIDER TIPP **Ägyptischer Sonnenuntergang**
Hinterm Stadtwald Casa de Campo versinkt die Sonne und taucht den *Templo de Debod* in goldenes Licht. Es gibt keinen schöneren Platz für dieses Schauspiel! (Foto o.) → S. 45

INSIDER TIPP **Bilderbuchbetten**
Der Komfort des 21. in Mauern des 19. Jhs.: Die *Posada del Dragón* ist eine der stilvollsten Hoteladressen Madrids → S. 85

INSIDER TIPP **Süßigkeiten mit Gottes Segen**
In vielen Klöstern Spaniens werden noch köstliches Gebäck, Marmeladen und andere süße Leckereien zubereitet. Im kleinen, versteckt gelegenen Altstadtladen *El Jardín del Convento* bekommt man die handgemachten Raritäten. Meistens sind sie schön altmodisch verpackt → S. 69

INSIDER TIPP **Surrealistisches Manifest auf Zelluloid**
Im Museo Reina Sofía (Foto re.) gibts zeitgenössische Kunst – darunter den 16-Minuten-Film *Ein andalusischer Hund* von Salvador Dalí und Luis Buñuel, der heute so faszinierend ist wie 1929, als er uraufgeführt wurde → S. 48

INSIDER TIPP **Großstadtpanorama**
Im 9. Stockwerk des Kaufhauses El Corte Inglés erwartet Sie die *Gourmet Experience Gran Vía* zum Essen mit unübertroffener Aussicht → S. 61

INSIDER TIPP **Kiezbummel**

Malasaña ist nicht schick, aber angesagt. In der *Calle Espíritu Santo* kaufen die jungen Madrider auf der Suche nach Ausgefallenem ein → S. 68

INSIDER TIPP **Essen, trinken, chillen**

Der *Mercado San Antón* ist die hippe Alternative zum Mercado de San Miguel. Jede Etage ist anders. Perfekter Ort zum Ausspannen über den Dächern von Chueca: die Chillterrasse → S. 71

INSIDER TIPP **Modegarten**

Alles dufte oder was? Das zauberhafte *Adhoc Flores* ist eine Mischung aus Blumenladen und Boutique → S. 72

INSIDER TIPP **Verborgene Kunst**

Madrid ist eine der Welthauptstädte der Malerei. Neben den berühmten Pinakotheken gibt es kleine, selbst von den Einheimischen oft übersehene Museen wie das *Museo Lázaro Galdiano,* die in jeder anderen Stadt eine Sensation wären → S. 50

INSIDER TIPP **Kaffee und Kino**

Das *Ocho y Medio* (benannt nach Federico Fellinis Film 8½) am Madrider „Walk of Fame" ist Treffpunkt der Cinephilen der Stadt: Buchladen für Filmliteratur und gemütliches Café → S. 80

INSIDER TIPP **Flamenco im Park**

Im Juli und August treten im Rahmen der Veranos de la Villa in den *Jardines de Sabatini* neben dem Königspalast die größten Flamencokünstler auf → S. 107

INSIDER TIPP **Letzte Ruhe**

Der *Cementerio de San Isidro* ist ein historischer Friedhof mit pompösen, zum Teil etwas verfallenen Grabanlagen und immer wieder wunderbaren Ausblicken auf die Stadt → S. 97

INSIDER TIPP **Kultstraße in Sachen Tapas und Aperitif**

Die *Calle de Ponzano* voller Bars und Kneipen ist *die* neue Adresse für Tapas und die Aperitiftour am Wochenende → S. 65

BEST OF ...

TOLLE ORTE ZUM NULLTARIF

Neues entdecken und den Geldbeutel schonen

SPAREN

Labor der Gegenwart

Der ehemalige Schlachthof, der *Matadero Madrid,* ist ein Gewinn. Nicht nur für Künstler, Performer, Designer und andere Kreative, die hier Platz für ihre Ideen haben: Besucher kommen umsonst in den Genuss von Ausstellungen und Aktionen → S. 81

Kunst im Park

Das Reina Sofía ist eines der weltbesten Museen für die Kunst des 20. und 21. Jhs. Die wichtigsten Werke hängen im Hauptgebäude am Rand von Lavapiés, doch in zwei schönen Dependancen im Retiro, dem *Palacio de Velázquez* und dem *Palacio de Cristal,* können Sie sich Sonderausstellungen ansehen – und der Eintritt ist frei → S. 36

Wie die Könige

Madrid wäre nicht Madrid ohne seine Könige. Philipp II. machte das Städtchen 1561 zur spanischen Hauptstadt, Philipp V. ließ 200 Jahre später den modernen *Palacio Real* bauen, der heute fast ganz den Touristen gehört. Montags bis donnerstags können EU-Bürger ihn die letzten beiden Stunden vor Schließung umsonst besichtigen → S. 39

Mal eben in den Prado

Vor der abendlichen *marcha* noch mal bei einem Bild vorbeischauen, das man schon immer oder immer wieder sehen möchte, das geht im wunderbaren *Prado-Museum:* Zwischen 18 und 20 (sonntags von 17 bis 19) Uhr ist der Eintritt frei! (Foto) → S. 32

Sonntagsspaziergang ins 19. Jh.

Nur nicht neidisch werden: Im *Museo Cerralbo* erleben Sie, wie ein reicher Marquis im ausgehenden 19. Jh. in Madrid lebte. Sonntags (und samstags zwischen 14 und 15 Uhr) ist der Besuch umsonst → S. 44

Wohnzimmer für alle

Sofas, Sessel und Loungezonen im neuen *Centro Centro* an der Plaza de Cibeles werden eifrig genutzt, vor allem, da es Tageszeitungen und WLAN umsonst gibt → S. 33

TYPISCH MADRID

Das erleben Sie nur hier

Chocolate con churros

Wenn es kalt ist oder die Nacht so lang wurde, dass sich am Himmel schon der Morgen zeigt, dann wird es Zeit für *chocolate con churros*. Am berühmtesten ist die *Chocolatería San Ginés* zwischen Puerta del Sol und Plaza Mayor. Die dickflüssige, heiße Schokolade wird nicht getrunken: Tunken Sie die *churros*, frittierte Teigstangen, einfach rein – boah, ist das lecker! → S. 76

Wie zu Goyas Zeiten

Zur *Fiesta de San Isidro* ziehen viele Madrider ihr traditionelles Kostüm an. Höhepunkt ist eine Wallfahrt mit Picknick zur Ermita de San Isidro. Das sieht noch immer so aus wie auf Goyas Gemälde „La Pradera de San Isidro", das im Prado hängt → S. 106

Lange Nächte

Man glaubt es erst, wenn man da ist: Mitten in der Nacht staut sich auf der Gran Vía der Verkehr und die Gassen und Straßen des *centro* sind voller Menschen. Die Madrider zelebrieren mit beneidenswerter Selbstverständlichkeit, dass das Leben immer jetzt ist – z. B.in Open-Air-*terrazas* wie dem *The Passenger* → S. 77

Leidenschaft, Leid und Versöhnung

Tränen, Schreie, schmerzverzerrte Gesichter: Flamenco ist für manch einen recht gewöhnungsbedürftig, beinhaltet aber auf jeden Fall die komplette Palette liebestoller Gefühlswelten. Madrid ist eine der Flamencometropolen Spaniens. Überzeugen Sie sich selbst davon in einem echten Kultlokal wie dem *Casa Patas* oder *Las Tablas* → S. 79

Für Schnäppchenjäger

Der *Rastro,* Madrids Flohmarkt, ist eine Institution, ein Ritual, eine Leidenschaft für Vintage, Antiquitäten und uralten Trödel. Ständiger Begleiter: Flamencoklänge und die Bars und Kneipen rund um den Rastro, die spätestens ab 14 Uhr proppenvoll sind (Foto) → S. 70

In kleinen Portionen

Essen und Ausgehen verbinden sich beim *tapeo,* bei einer Tapatour, wie sie die Madrider lieben. Unverzichtbare Station: die *Cava Baja* im Stadtteil La Latina → S. 65

TYPISCH

BEST OF ...

SCHÖN, AUCH WENN ES REGNET

Aktivitäten, die Laune machen

REGEN

Wunder und Rätsel der Moderne

Das *Museo Nacional Centro de Arte Reina Sofía* ist nicht nur der Ort, wo man berühmte Gemälde von Dalí und natürlich Picassos Guernica studieren kann. Die Vielfalt der Moderne, ihre Themen, Utopien und Tyranneien wirbeln durch die Kabinette, dass einem schwindlig wird → S. 47

Club-Kult-Tour

Wer einmal den Arbeitsplatz von Cristiano Ronaldo und Toni Kroos kennenlernen will, schließe sich dem geführten Rundgang durchs *Bernabéu-Stadion* an – die Heimat des Clubs der Clubs: Real Madrid → S. 24

Großes Kino

Das *Capitol* in der Gran Vía ist Madrids berühmtestes Premierenkino. Der Hauptsaal mit Tribüne atmet noch den Geist der großen Leinwandära von Hollywood und den Fünfzigerjahren → S. 80

Cafékultur im Kulturcafé

Der *Círculo de Bellas Artes* hat das wohl schönste Café der Stadt. Unter Deckengemälden und Kristalllüstern macht es nichts, dass die Kellner sich gerne viel Zeit lassen. Irgendwann kann man sich dann auch dem Ausstellungs- und Kulturprogramm des Hauses widmen (Foto) → S. 81

Tropischer Garten

Hier ist es trocken, warm und grün, egal, was draußen los ist. Seit vom *Bahnhof Atocha* der Hochgeschwindigkeitszug Ave nach Sevilla eilt, ist die alte Bahnhofshalle ein üppiger Wintergarten → S. 47

Shoppingcenter

Mode, Möbel, Kosmetik, Gastronomie und Kinos und alles unter einem Dach: Im *Príncipe Pío,* dem größten Shoppingcenter der Innenstadt am gleichnamigen Bahnhof, werden aus einer schnell mehrere Stunden → S. 70

ENTSPANNT ZURÜCKLEHNEN

Durchatmen, genießen und verwöhnen lassen

ENTSPANNT

● *Königsgarten*

Nichts gegen den Retiro – doch manchmal gehts dort zu wie auf einem Jahrmarkt. Wer Ruhe sucht, mache sich auf den Weg in den *Campo del Moro,* den Park zu Füßen des Palacio Real → S. 37

● *Baden wie die Mauren*

Eine Zeitreise ins Madrid der Mauren ist der Besuch der arabischen Bäder *Hammam Al Andalus.* Im Heißwasserbecken unter steinernen Bögen lässt sich der Hauptstadtlärm für anderthalb Stunden vergessen. Einschließlich Massage ist die Entspannung perfekt → S. 79

● *Rudern und relaxen*

Sicher, der *Estanque* (Foto) ist nur ein Teich – aber hier geht es ja auch gar nicht um Sport: Rudern im Retiro-Park ist ein urbane Form der Meditation: ein wenig mit den Paddeln plätschern, sich treiben lassen, loslassen ... → S. 104

● *Kühles Bad*

Es ist Sommer, es ist heiß und das Hotel oder die Pension hat keinen Pool? Da hilft nur eins: Badesachen packen und ins schönste *Freibad* der Stadt im Stadtwald Casa de Campo fahren! → S. 41

● *Cabriobus*

Gut, dass es diese Doppeldeckerbusse gibt: Für einen ersten Eindruck von Madrid sind sie ebenso ideal wie für eine Pause vom Pflastertreten zwischendurch. Bleiben Sie einfach eine ganze Runde auf dem Sonnendeck der Busse von *Madrid City Tour* sitzen! → S. 114

● *Gondelbahn*

Über die Baumwipfel des Parque del Oeste und der Casa de Campo schweben seit 1969 die Gondeln des *Teleférico,* der Drahtseilbahn, die ihre Gäste ins Herz des Madrider Stadtwalds bringt und sie auf der beschaulichen Fahrt mit grandiosen Ausblicken auf den Königspalast und die Sierra de Guadarrama beschenkt → S. 105

AUFTAKT

ENTDECKEN SIE MADRID!

Wer tagsüber durchs Zentrum von Madrid läuft, bekommt unweigerlich das Gefühl, dass ***die einzelnen Viertel wie kleine Dörfer*** für sich funktionieren. Jeder kennt jeden, immer wieder fallen freundliche Worte zur Begrüßung. „*¿Qué tal,* wie gehts?", „Hab einen schönen Tag!", „Arbeite nicht zu viel!" Die Madrider lieben es, den Vormittag mit einem kleinen Frühstück in einer der unzähligen Cafeterias einzuleiten. Für rund 2,50 Euro bekommt man einen *café solo* oder einen *café con leche* inklusive Croissant oder Toast mit pürierter Tomate und Olivenöl. Kein Mensch käme auf die Idee, zu Hause zu frühstücken, schneller geht es in der Bar nebenan, bei einem netten Plausch mit den Nachbarn. Stammgäste müssen ihren Kaffee normalerweise gar nicht erst bestellen, sondern bekommen alles automatisch vor die Nase gestellt. Die spanischen Kellner kennen schließlich ihre Kundschaft – und das trifft sogar auf Touristen zu, wenn sie mehr als zwei Mal mit der gleichen Bestellung dasselbe Café aufsuchen. Probieren Sie es aus!

Glauben Sie den Madridern kein Wort: „Die Stadt geht gerade gewaltig den Bach runter!", sagen sie und schimpfen über den Dreck oder den schlechten Zustand der Straßen. Dabei sehen die Touristen das ganz anders und betonen gern, wie sauber

Bild: Metrópolis-Gebäude an der Gran Vía

die Stadt sei, oder freuen sich über ***die gut erhaltenen Hausfassaden***. Madrid ist Weltmeister im Fassadenrenovieren. Zugegeben, in den Vierteln abseits des Zentrums wird nicht so viel gefegt, das liegt jedoch auch an den Sparmaßnahmen, die in der Wirtschaftskrise ergriffen wurden. Allerdings hat sich vieles geändert, seit 2015 Manuela Carmena zur Bürgermeisterin gewählt worden ist. Der erstmalige Schwenk nach links in Madrid, seit Spanien eine Demokratie ist, hat viel verändert. Madrids Schuldenberg ist geschrumpft, aber Carmena spart nicht am falschen Ende: Es herrscht ***mehr soziale Gerechtigkeit*** und das Stadtbild wurde dennoch poliert, schön zu sehen etwa an der kompletten Fassadensanierung der Plaza Mayor. Aber natürlich gibt es immer noch Motzer, denen der Linkskurs nicht gefällt.

Krise? Madrid hat seine Lebenslust bewahrt

In Wirklichkeit sind die Madrider aber trotzdem fürchterlich stolz auf ihre Stadt, so wie alle Spanier stolz auf ihre Heimatorte sind. Das Leben ist seit der Krise härter geworden in Spanien – wovon Sie als Besucher allerdings nichts mitbekommen. ***Die Cafés sind voll***, die Geschäfte sind voll, die Straßen sind voll. Die Häuser sehen gepflegt aus, die Menschen sowieso. Wenn man bedenkt, dass das Durchschnittseinkommen in Spanien bei 25 000 Euro im Jahr liegt und dabei, auf 14 Monate verteilt, netto rund 1200 Euro pro Monat auf der Hand bleiben, fragt man sich zu Recht, wie

Nach dem Aperitif auf der Plaza Mayor: ab ins Gassengetümmel auf Tapatour!

kann das sein? Die Madrider lieben das Leben außerhalb ihrer Wohnung, in den Cafés, Tavernen, Restaurants und Bars. Am Ende des Monats ist oft das Konto leer; Sparen ist ein Fremdwort, aber **man hat gelebt und das Leben genossen** – eine andere Lebenseinstellung, als sie in Nord- und Mitteleuropa vorherrscht.

Die Madrider schimpfen trotzdem. Sie haben aber auch in besseren Zeiten geschimpft, so sind die Hauptstädter in aller Welt: nie zufrieden. Javier Marías, der Schriftsteller und bekannteste Madridnörgler, schrieb einmal, die Stadt sei eine einzige Baustelle und trotzdem merke man nirgends Verbesserungen. Er hatte unrecht. Die Bauwut der 1990er- und frühen 2000er-Jahre hat die Stadt **lebenswerter, fußgängerfreundlicher und bunter** gemacht. Die ehemals grauen Fassaden erstrahlten, die trüben Altstadtstraßen verwandelten sich in grüne Alleen – Madrid hat sich optisch um 180 Grad gewandelt. Und mit dem Boom kamen Ausländer in die Stadt, vor allem Lateinamerikaner, Rumänen, Chinesen und Marokkaner.

Die Stadt wurde fußgängerfreundlicher, lebenswerter, bunter

Madrid ist mittlerweile eine **kosmopolitische Weltstadt**, hat aber sein authentisches spanisches Wesen beibehalten. Und auch wenn viele Immigranten nach Ausbruch der Krise 2008 in ihre Heimat zurückkehrten, weil der Stadt, wie dem ganzen Land, die Arbeit ausgegangen war, blieb Madrid, selbst mitten in der Krise, einer der wirtschaftlichen Motoren des Landes. Dennoch ist Madrid **mehr als seine von buntem Leben erfüllte Innenstadt**.

Man muss genauer hinschauen, um die Menschen zu sehen, die in Mülltonnen nach Essbarem suchen oder sich vor Kirchen oder dem Roten Kreuz zur Armenspeisung anstellen. Die Not prägt nicht das Bild der Stadt, aber noch ist sie hier und da zu finden: hinter der schön geputzten Fassade, wo beide Eltern arbeitslos geworden sind und mit Kind und Kegel zu den Großeltern ziehen mussten, weil sie die Hypothek nicht mehr bedienen oder die Miete nicht mehr zahlen konnten. Oder wenn Hochschulabgänger Jobs annehmen müssen, für die sie heillos überqualifiziert sind. Aber die Arbeitslosigkeit sinkt und Spanien hat gute wirtschaftliche Prognosen.

Mit 3,2 Mio. Ew. ist Madrid die größte Stadt Spaniens, aber eine mit ***ländlichen Wurzeln*** – was vielleicht das Geheimnis hinter dem Zusammenhalt in der Not ist. Es gibt nur wenige alteingesessene Familien in der Stadt, die Bewohner sind Zugezogene oder Kinder von Zugezogenen oder höchstens Enkel von Zugezogenen. Deswegen macht sich auch an jedem Brückenwochenende eine Autokarawane von Madrid in alle Winkel Spaniens auf. *Voy al pueblo* sagen sie dann, ich fahr aufs Dorf: Gemeint ist das Dorf der Eltern, der Onkel oder Tanten oder Großeltern. Jeder Madrider hat irgendwo in Spanien seine zweite Heimat.

Seit der Habsburgerkönig Philipp II. das unbedeutende kastilische Städtchen 1561 zur Hauptstadt seines Reichs machte, hat Madrid nicht aufgehört, Immigrantenstadt zu sein. Über Jahrhunderte war es vor allem ***der königliche Hof***, der Arbeit versprach. Doch die Lebensbedingungen der meisten Bewohner waren so miserabel, dass mehr Menschen starben, als geboren wurden. Ohne die Zugezogenen aus Galicien, Andalusien, der Extremadura, dem Baskenland oder dem kastilischen Umland hätte Madrid nicht überlebt. Trotzdem wuchs die Stadt sehr langsam. 1910 lebten in Paris fast 3 Mio. und in Berlin gut 2 Mio. Menschen – in Madrid gerade 500 000.

Die Madrider lieben das Leben auf der Straße

Der Anschluss an Europa sollte noch Jahrzehnte auf sich warten lassen. Spanien und Madrid erlebten das Drama des Bürgerkriegs 1936–1939 und der anschließenden Diktatur des Generals Francisco Franco. Politisch blieb das Land auf dem Nullpunkt, wirtschaftlich begann es sich erst ab den 1960er-Jahren langsam zu entwickeln. Mit Francos Tod 1975 kam die Befreiung aus fast 40 Jahren Muff und Enge. Madrid erlebte ***eine Explosion der Lebenslust***. „Es war eine unbesonnene, verspielte, kreative Epoche, voller fiebriger Nächte", sagt Filmregisseur Pedro Almodóvar. Für ein paar Jahre war Madrid die heißeste Stadt der Welt. Die heute 50- bis 60-Jährigen trauern den Tagen dieser ***Movida Madrileña*** immer noch hinterher. Doch nicht nur die Lust auf *marcha* – auf lange, durchtanzte Nächte – hat überlebt, sondern auch der weltoffene Geist. Das ***Schwulenviertel Chueca*** ist der Stolz der Stadt, der *Día del Orgullo Gay,* der „Tag des schwulen Stolzes", das größte Volksfest Madrids.

Besucher aus dem Rest Spaniens finden die Stadt vor allem groß und laut. Die Größe ist eine Frage der Perspektive, der Lärm ist messbar. Der Autoverkehr ist lästiger als in anderen Städten, weil Madrid extrem dicht bebaut ist und die Straßen vor allem im Zentrum kleinstädtisch schmal sind. Das schlägt sich auch auf die Luftqualität nieder. Die Madrider lassen sich davon nicht schrecken. Sie trinken ihren Kaffee auf den Bürgersteigen der Gran Vía oder den *terrazas* des Paseo de Recoletos. Das Phänomen der abends und sonntags ausgestorbenen Fußgängerzonen kennt die spanische Hauptstadt nicht: Die Madrider lieben das Leben auf der Straße, zu jeder Zeit (und außerdem haben ***die meisten Geschäfte lange geöffnet***, auch feiertags).

Madrid ist übrigens die höchstgelegene Hauptstadt Europas (wenn man von San Marino und Andorra la Vella absieht), eine Tafel am Sitz der Regionalregierung an der

Puerta del Sol zeigt die Meter über Normalnull an: 650,7. Doch ansonsten sehen die Madrider keinen Grund, ihre Stadt für etwas Besonderes zu halten. Sie motzen gern, das gehört hier zum guten Ton. Als die Stadtverwaltung 2014 einen **öffentlichen Elektrofahrradverleih** auf die Beine stellte, war das zum einen eine Revolution: Radfahrer waren in der spanischen Hauptstadt bis dahin Exoten gewesen und ein bisschen lebensmüde. Zum anderen ging in den ersten Wochen alles schief: überlastete Server, Kartenlesegeräte, die keine Karten lasen, ratlose Gesichter vor den Ausleihstationen. Da sieht man's ja mal wieder, sagten die Nörgler, in dieser Stadt klappt einfach nichts!

Das moderne Madrid: Außen wie innen spektakulär präsentiert sich das Caixaforum

Die Kinderkrankheiten des Systems waren dann doch schnell kuriert. Die Stadt war plötzlich voller Radfahrer und damit wieder ein wenig lebenswerter geworden, allen Widrigkeiten zum Trotz. So schwer die Krise Madrid auch zugesetzt hat, **die Stadt hat sich davon nicht unterkriegen lassen**. Sie hat ihre Lebenslust bewahrt. Es ist keine ganz sorglose, unbekümmerte Lebenslust, sondern eine, die sagt: Gerade jetzt! Unsere Freude lassen wir uns nicht auch noch nehmen! Und so klettern Madrid und seine Menschen gerade wieder aus dem langen Tal der Krise hervor, noch etwas benommen, aber mit dem festen Vorsatz, dass es ab jetzt nur noch bergauf gehen soll.

Die Lust auf „marcha", auf lange, durchtanzte Nächte

IM TREND

1 Ginebra

Wacholderkreationen Seit sich ein paar Destillerien aus Katalonien (Gin Mare), Galicien (Nordés) oder Jerez (The London No. 1) an neue Geschmacksvarianten wagten, mit natürlichen Aromen experimentierten und nebenbei auch das Design ihrer Flaschen pflegten, ist die Ginwelle auch nach Madrid geschwappt. Um den Überblick zu bewahren, verbringen Freundesgruppen ganze Abende bei der Ginprobe *(cata de ginebras)*. Erste Anlaufadresse: die *Casa del Pez (C/ Jesús del Valle 1)* in Malasaña.

2 Von allem etwas

Einkaufszentrum 2.0 Mode, Design, Essen und Trinken. Hört sich nach langweiligem Einkaufszentrum an? Weit gefehlt! In Madrid explodieren die sogenannten *multiespacios*, eine bunte Welt unter einem Dach. *El Paracaidista (C/ La Palma 10 | www.elparacaidista.es)* macht es vor: zwei Etagen vollgestopft mit Ausstellungen, Mode und Design. Im 3. Stock gibt es Cocktails. Den Hunger stillt man im 4. und 5. Stock, Dachterrasse inklusive. Und danach können Sie im Movie Club im Keller Autorenkino sehen.

3 O'zapft is

Handgebrautes Bier Wer deutsches Bier noch immer für unschlagbar hält, kann sich in Madrid eines Besseren belehren lassen. Mehr und mehr Kneipen setzen auf handgebraute, lokale Biersorten oder spezialisieren sich auf internationale Marken. Die Biermeile auf der Calle Cardenal Cisneros macht es vor, allen voran das *L'Europe (C/ Cardenal Cisneros 19)* mit rund 50 Sorten aus aller Welt. Ebenso angesagt sind *The Stuyck Co (C/ Corredera Alta de San Pablo 33)*, die *Fábrica Maravillas (C/ de Valverde 29)* oder das *Irreale (C/ Manuela Malasaña 20)*.

In Madrid gibt es viel Neues zu entdecken. Das Spannendste auf diesen Seiten

De Madrid al cielo

4

Aufs Dach steigen „Von Madrid in den Himmel" ist das Motto der Stadt. Schließlich hat Madrid den blauesten Himmel der Welt und man ist mächtig stolz auf ihn. Kein Wunder, dass fast wöchentlich neue Dachterrassen eröffnen, die mit leckeren Cocktails, Longdrinks und Wow-Ausblicken locken. Neben der Mutter aller Madrider Dachterrassen, dem *Tartan Roof* im *Círculo de Bellas Artes (C/ de Alcalá 42)* findet man sie z. B. direkt nebenan im *NH Collection Hotel Suecia (C/ del Marqués de Riera 4)*, sozusagen als Plan B, falls die Schlange vor dem CBA zu lang ist, gegenüber im Hotel *The Principal (C/ Marqués de Valdeiglesias 1)*, im *Dear Hotel Madrid (Gran Vía 80)*, im *Urban Hotel (Carrera de San Jerónimo 34)*, im *Vincci The Mint (Gran Vía 10)* und in vielen weiteren angesagten Hotels. Sehr cool und mitten in der Hipstergegend von Malasaña gelegen ist das angesagte *Gymage Lounge Resort (C/ de la Luna 2)* auf dem Dach eines alten Kinos. Kleine Pools sorgen für erfrischendes Nass, während man seine Drinks schlürft.

Markets

5

Gastro & Design Markthallen und Kulturzentren verwandeln sich jeweils an einem Wochenende im Monat zu angesagten *markets.* Es gibt *cañas* und Tapas, Livecooking, junge Designer, Schmuck und Vintage-Style. Zu den Topadressen zählen *Nómada Market* und *Madrink Market* im *Mercado de la Cebada (Plaza de la Cebada | www.mercadodelacebada.com)*, *MadrEat (www.madreat.org)* im Stil der amerikanischen Food Markets und der *Mercado de Motores (Paseo de las Delicias 61 | mercadodemotores.es | Foto)* im Eisenbahnmuseum.

FAKTEN, MENSCHEN & NEWS

ALMODÓVAR-CITY

Spaniens großer Filmemacher Pedro Almodóvar, Jahrgang 1951, ist ein Landmensch, der in der Stadt seine Heimat gefunden hat. Er wuchs in einem Dorf der Mancha im Herzen Spaniens auf. Mit 18 ging er gemeinsam mit seinem Bruder nach Madrid. Dort lernte er das Leben kennen. Und so hat er Madrid zur Hauptdarstellerin vieler seiner Filme gemacht. Homosexuelle, Transvestiten und immer wieder starke Frauenpersönlichkeiten finden sich in seinen Filmen. Mit *Mujeres al borde de un ataque de nervios* (Frauen am Rande des Nervenzusammenbruchs, 1988) wurde er berühmt. Spätestens seit seinem Oscar-Erfolg *Todo sobre mi madre* (Alles über meine Mutter, 1999) und *Volver* (Volver – zurückkehren, 2006) ist er einer der Götter im Cineastenolymp. Almodóvar ist nicht der Provokateur, für den ihn viele halten. Almodóvar zeigt nur das Leben, wie es auch ist. Und er zeigt es mit Witz und Selbstverständlichkeit. Unter *www.esmadrid.com/de/das-madrid-almodovars* gibt es einen „Rundgang durch das Madrid Almodóvars" zu entdecken.

BICIMAD

„Madrid hat Lust aufs Radfahren." Das war eine ziemlich gewagte Behauptung des El-País-Journalisten Pablo León im Sommer 2014. Wenn es eine europäische Stadt der Fahrradmuffel gab, dann Madrid. Wem Leben und Gesundheit lieb waren, der ging lieber zu Fuß oder nahm die Metro. Seitdem hat sich nicht

Wann müssen Sie zwölf Weintrauben essen? Wo können Sie den Galaktischen in den Spind schauen? Was ist der „intensive Arbeitstag"?

alles, aber vieles geändert. Die Stadtverwaltung ließ in jenem Sommer über die ganze Stadt verteilt elektrische Mietfahrräder aufstellen (s. S. 111) und siehe da: Sie waren ein voller Erfolg. Ganz, ganz langsam beginnen sich die Madrider Autofahrer daran zu gewöhnen, dass sie die Fahrbahn nicht allein für sich haben. Radwege gibt es allerdings nur wenige. Die große Ausnahme ist der *Anillo Verde,* der „Grüne Ring", ein 64 km langer Radwanderweg rund um die Stadt. *www.anilloverdeciclista.es*

LOLAILO LOLAI

Vente pa' Madrid, singt die Flamencopopgruppe Ketama in einem ihrer berühmtesten Lieder: Komm nach Madrid! Madrid ist die heimliche Hauptstadt der Flamencokünstler, auch wenn viele von ihnen aus Andalusien stammen. Dort entstand der Flamenco in der zweiten Hälfte des 18. Jhs. und entwickelte sich zwischen 1860 und 1910 zu seiner bis heute bewahrten klassischen Form. In Madrid finden die Sänger, Musiker und Tänzer die bedeutendsten Plattenstudi-

os, die besten Veranstaltungsorte und das größte Echo im Rest des Landes.
Der Flamenco hat sich immer wieder anderen Musikstilen geöffnet. Flamenco-Fusion gehört zum Spannendsten, was die europäische Musikszene zu bieten hat. Hörproben: Bebo & Cigala, *Lágrimas Negras* (Flamenco-Jazz); Chambao, *Endorfinas en la Mente* (Flamenco-Chill-out); Enrique Morente, *Omega* (Flamenco-Rock). Klassischen Flamenco mit sanfter Stimme singt Estrella Morente auf *Mi Cante y un Poema.* Klassisch auch Miguel Poveda: *Sonetos y poemas para la libertad.* 2014 starb Paco de Lucía, der größte Flamencogitarrist aller Zeiten. Sein posthumes Album: *Canción Andaluza. www.deflamenco.com*

DER HIMMEL ÜBER MADRID

In Madrid scheint meistens die Sonne. Doch wer sich der Stadt von Weitem nähert, sieht keinen blauen Himmel, sondern eine bräunliche Dunstglocke. Seit Jahrzehnten kämpft Madrid gegen dicke Luft, aber damit ist hoffentlich bald Schluss: Bürgermeisterin Manuela Carmena will die Stickstoffdioxidbelastung bis 2020 um 25 Prozent senken: Für das Zentrum gilt neuerdings ein eingeschränktes Fahrverbot für den Durchgangsverkehr, die Gran Vía wurde für Fußgänger und Radfahrer erweitert und auf der Ringautobahn M 30 gilt ein Tempolimit von 70 km/h.

DOCE UVAS

Zwölf Trauben muss man haben – zumindest am Silvesterabend, der *Nochevieja.* Dann schaut ganz Spanien per TV auf die Uhr der Casa de Correos an der Puerta del Sol und schiebt sich zu jedem der Glockenschläge, die das neue Jahr einläuten, eine Traube in den Mund. Weil das gar nicht so einfach ist, gibt es zwölf kernlose und gepellte Trauben in kleinen Dosen zu kaufen. Der Brauch, der Wohlstand im neuen Jahr bewirken soll, entstand Ende des 19. Jhs. in Madrid.

RELAXTER START IN DEN TAG

Frühstücken in den eigenen vier Wänden ist den Madridern a) zu aufwendig und b) viel zu langweilig. Lieber geht man morgens in eine *cafetería* und bestellt sich eine Kombi, z. B. Kaffee mit gebratenem Croissant *(croissant a la plancha)* oder Toast mit pürierter Tomate (nicht zu verwechseln mit dem katalanischen *pan tumaca*) für rund 2,50 Euro. Für 1 Euro mehr ist auch ein frisch gepresster Orangensaft dabei. Später gibt es bei Bedarf das Gleiche noch mal, denn in Madrid können Sie bis mindestens 12 Uhr frühstücken. Am Wochenende boomen neuerdings Lokale, die Brunch anbieten; der geht dann nahtlos in Tapatouren am Nachmittag über ...

UNSER TÄGLICH BROT

Krisen haben auch etwas Gutes an sich: die Chance, etwas Neues zu wagen, Innovation. So kam es unter anderem zu einer kleinen Revolution in Spaniens Bäckereien. Heute gibt es nicht mehr nur die übliche *barra de pan,* das spanische Baguette, oder klebrig-süße Croissants zu kaufen. Die Spanier sind auf den Geschmack der Vielfalt gekommen: Dinkelbrot, Vollkornbrot oder viele andere Brotvarianten sind plötzlich kein Fremdwort mehr und haben unzähligen Bäckereien zu einem unerwarteten Aufschwung verholfen. Besser spät als nie.

LÄRM AROUND THE CLOCK

Wohl dem, der in Madrid mit tiefem Schlaf gesegnet ist. Am frühen Morgen treten Müllabfuhr und heitere Nachtschwärmer in ihren täglichen Wettkampf, wer wohl die meisten Anwohner aus ihren Betten aufzuschrecken versteht. Tagsüber schallt der Verkehrslärm von den Fassaden zurück, die knatternden Mopeds, brummenden Linienbusse, hupenden Taxis. Die einzigen Waffen der Madrider dagegen: Gelassenheit; und nachts aus den oberen Stockwerken einen Eimer (oder wenigstens ein Glas) Wasser auf die Störenfriede schütten.

Vom Frühstück bis spätnachts umlagert sind die mundwässernden Tresen in den Tapabars

FOLGEN EINER ELEFANTENJAGD

Als Spaniens König Juan Carlos am 2. Juni 2014 seine Abdankung erklärte, versammelten sich am selben Abend auf der Madrider Puerta del Sol rund 20 000 Menschen und verwandelten den Platz in ein rot-gelb-violettes Fahnenmeer – die Farben der Zweiten Republik (1931–1939). Sie forderten ein Referendum über den Fortbestand der spanischen Monarchie. „Juan Carlos hat ja seine Verdienste", sagte eine Demonstrantin, „aber ich verstehe nicht, warum Felipe jetzt einfach so ohne Weiteres sein Nachfolger werden soll. Echte Demokratie sieht anders aus." Felipe wurde dann doch einfach so und ohne Weiteres neuer spanischer König und die meisten Spanier sind ganz zufrieden mit ihm. Felipes Vater Juan Carlos hatte sich nach dem Ende der Franco-Diktatur 1975 seine Verdienste als Schutzschild der entstehenden spanischen Demokratie erworben, sich aber dann auf seinen Lorbeeren ausgeruht. Die Spanier verübelten ihm, dass er nicht hatte sehen wollen, wie sich sein Schwiegersohn Iñaki Urdangarin illegal bereicherte, und noch mehr verübelten sie ihm eine ganz inopportune Elefantenjagd mitten in der Wirtschaftskrise. Mit seinem Rücktritt versuchte er die spanische Monarchie zu retten. Und zugegeben: Felipe VI ist ein guter Botschafter für Spanien, aber rund die Hälfte der Spanier sieht die Monarchie als veraltet an. Verfechter der Republik freuten sich jüngst über das neue spanische Nationaltrikot, das mit seinem rautenförmigen Muster in den Farben Rot-Gelb-Lila an die republikanische Fahne erinnert.

15-M – DEMOKRATIE JETZT!

Das Kürzel (sprich *quince eme*) steht für ein Datum: den 15. Mai 2011. An jenem Tag zogen Zehntausende Demonstranten durch Madrid, um *Democracia real YA* zu fordern: „Wahre Demokratie JETZT". Wenige Tage später begannen sie die Puerta del Sol mit einem improvisierten Zeltlager zu besetzen – es war der Vorläufer der internationalen Occupybewegung. Der Protest richtete sich gegen ein politisches System, das aus Sicht der Demonstranten nicht auf die schwere Wirtschaftskrise zu antworten wusste, die Spanien seit 2008 im Griff hielt. Nach zwei Monaten verschwanden die Zelte, der 15-M schien erfolglos im Sand zu verlaufen. Doch die Bewegung blieb in Stadtteilgruppen aktiv, sie unterstützte Initiativen gegen Zwangsräumungen, gegen die Privatisierung des Gesundheitswesens oder gegen Kürzungen im Bildungssystem. Der 15-M politisierte viele Spanier, die von der Politik nie viel erwartet hatten. Als der Madrider Politologe Pablo Iglesias 2014 gemeinsam mit Gleichgesinnten die Partei *Podemos* („Wir können") gründete, konnte er auch auf das Netzwerk der Aktivisten bauen, das nach dem 15-M entstanden war – einer der Gründe dafür, dass Podemos wie aus dem Nichts zur einflussreichen politischen Kraft in Spanien wurde. *archivosol15m.wordpress.com*

MYTHOS SIESTA

Studien belegen, dass über 60 Prozent der Spanier niemals eine Siesta halten. In Madrid ist die dreistündige Mittagspause fast vollständig ausgestor-

SPORT-SCHAU

Was für ein Club! 33-mal die spanische Liga gewonnen, 19-mal den spanischen Pokal, zwölfmal die Champions League bzw. den Europapokal der Landesmeister. Der beste Verein des 20. Jhs., beschied die Fifa. Fast 100 000 Mitglieder hat der 1902 gegründete Fußballclub Madrid, der sich seit 1920 *real* – königlich – nennt. Das Stadion von Real Madrid *(Estadio Santiago Bernabéu)* wurde 1947 eingeweiht, heute passen rund 81 000 Zuschauer hinein. Benannt ist es nach Santiago Bernabéu, dem Präsidenten mit der längsten Amtszeit (1943–1978). Wer ein Spiel miterleben will: Tickets am besten übers Internet *(www.realmadrid.com)* oder direkt am Stadion. Bei Spitzenspielen haben Nichtmitglieder keine Chance – außer auf dem Schwarzmarkt, wo Karten bis zu 500 Euro kosten. Wer leer ausgeht, für den gibt es die ● geführte Tour durchs Stadion einschließlich Trophäensammlung *(Mo–Sa 10–19, So 10.30–18.30 Uhr, an Spieltagen bis 5 Std. vor Anpfiff | 25 Euro | Zugang über Turm B, Tickets an Schalter 10 beim Gate 7 am Paseo de la Castellana* ***(125 D3) (*** *🕮* ***O))***. Im *Real Café Bernabéu (tgl. 10–2 Uhr, an Spieltagen 2 Std. vor–1 Std. nach Spiel geschl. | Zugang Tor 30 | www.realcafebernabeu.es |* ***€€****)* sitzt man mit Blick aufs Spielfeld und kann gediegen speisen. *Metro 10 Santiago Bernabéu*

ben. In den meisten Büros arbeitet man von 9 bis 19 Uhr inklusive einstündiger Mittagspause. Im Sommer haben viele Firmen den „intensiven Arbeitstag" von 8 bis 15 Uhr eingeführt. Und fast alle Geschäfte im Madrider Zentrum haben durchgehende Öffnungszeiten von Montag bis Sonntag. Wo bleibt da noch Zeit für eine Siesta?

ES LEBE DER STIER

Mit „Stierkampfkunst" wird *tauromaquia* ins Deutsche übersetzt, aber das ist ein irreführender Begriff. Zum einen mag man bezweifeln, dass es sich um eine Kunst handelt, zum anderen kämpft der Torero nicht mit dem Stier, sondern er tötet ihn nach festgelegtem Ritual. Die *aficionados,* die Freunde der *tauromaquia,* kommen nicht in die Arena, um einem Kampf von Gleich zu Gleich beizuwohnen. Sie wollen sehen, wie der Torero den Stier, der ihm auf den ersten Blick an Kraft und Gefährlichkeit so weit überlegen ist, dominiert und schließlich mit hoffentlich gezielt gesetztem Degenstoß tötet. Die *tauromaquia* gehört zu Spanien wie der Karneval zu Köln. Aber das atavistische Spektakel interessiert die Spanier nicht mehr so wie früher. Die Ränge der Stierkampfarenen im Land bleiben immer häufiger halb oder gleich ganz leer. Zum erlahmenden Interesse kommt politischer Druck von Tierschützern, die den rituellen Stiertod seit Langem als „brutale Folter" und „Mord" geißeln. In Katalonien und auf Mallorca wurden Stierkämpfe bereits vor Jahren verboten. In Madrid schloss die Stadtverwaltung 2017 die legendäre Arena Las Ventas wegen dringend erforderlicher Sanierungsmaßnahmen für Konzerte und Sportveranstaltungen. Stierkämpfe finden noch statt – aber wer weiß, wie lange noch ...

Ob aus Fleisch und Blut oder in Bronze gegossen: Matadores sind harte Burschen

SEHENSWERTES

WOHIN ZUERST?
Natürlich zur **Puerta del Sol (122–123 C–D 2–3)** *(🕮 F4)*! Das „Sonnentor" ist zwar nicht der schönste Platz Madrids, aber das Nervenzentrum der Stadt, wo sich eilige Berufstätige und Müßiggänger, Demonstranten und lebende Statuen, Einkaufsbummler und Losverkäufer treffen. Von hier ist es nicht weit zur vornehmen Plaza Mayor (dem „Hauptplatz"), der guten Stube Madrids, die den Besuchern der Stadt gehört. Und dann zur Plaza de Santa Ana, in deren Straßencafés sich alle wieder bei Tapas und einer *caña* glücklich vermischen.

Madrid steht bei den meisten zunächst einmal weit hinten auf der Liste der „Must see"-Metropolen. Kein Eiffelturm, kein Kolosseum, kein Strand. Kann Madrid da überhaupt mithalten? Keine Sorge: Diese Vorurteile werden schlagartig verfliegen, wenn Sie die ersten Stunden in der Stadt hinter sich haben.

Nicht nur, dass man auf Schritt und Tritt die alte Substanz der Stadt sehen und spüren kann. Madrid protzt mit breiten, großzügigen Alleen, mit viel Grün, mit Prachtbauten aus dem Goldenen Zeitalter und kleinen, versteckten Winkeln in der Altstadt. Und natürlich mit drei der bedeutendsten Gemäldesammlungen der Welt: dem Prado, dem Reina Sofía und dem Thyssen-Bornemisza. Die Stadt verströmt Hauptstadtflair, aber jedes

Bild: Standbild Philipps III. auf der Plaza Mayor

Die beste Art, Madrid zu entdecken: Lassen Sie sich treiben, streifen Sie durch die Straßen und pausieren Sie auf Plätzen und in Parks

Viertel ist wie ein eigenes Dorf für sich. Diktator Franco hat im Spanischen Bürgerkrieg netterweise nicht allzu viele Fliegerbomben über der Stadt abgeworfen, sodass das architektonische Erbe weitgehend erhalten geblieben ist.

Den spannenden Mix, der Madrid von anderen spanischen Städten unterscheidet, macht das Verhältnis zwischen Menschen, Leben, Straßenambiente und Architektur aus. Madrid ist in jeder Hinsicht authentisch spanisch, man fühlt die Stadt mit Haut und Haar. Hier leben Menschen aus allen spanischen Regionen und machen sie zum einzig wahren Schmelztiegel Spaniens. Hier finden Sie die Herzlichkeit, Gastfreundschaft und Lebensqualität, die Spanien ausmachen. Man lebt das Leben auf der Straße, in den Bars, Tavernen, Straßencafés. Die Stadt brodelt und man lässt sich im Sog der Menschen treiben. Schließen Sie sich ihrem Treiben an, schlendern Sie ziellos umher, beobachten Sie die Menschen. So werden Sie auf Ihre ganz persönlichen Sehenswürdigkeiten stoßen.

STADTVIERTELÜBERSICHT

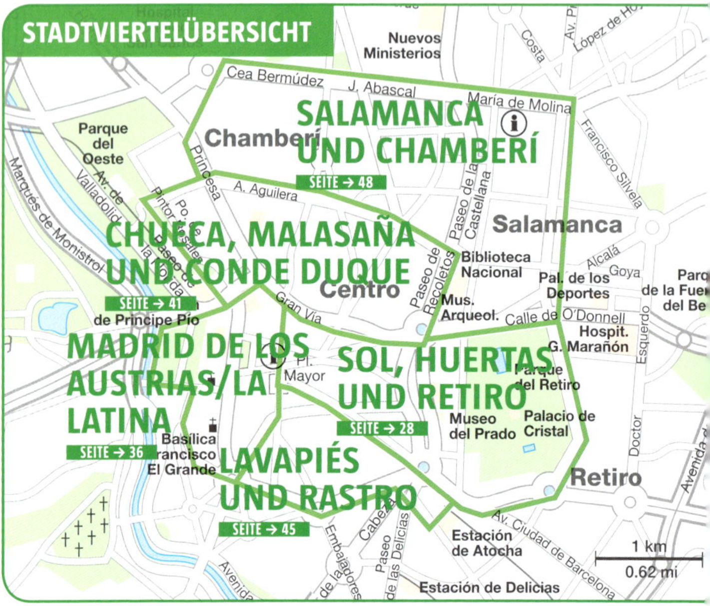

Die Karte zeigt die Einteilung der interessantesten Stadtviertel. Bei jedem Viertel finden Sie eine Detailkarte, in der alle beschriebenen Sehenswürdigkeiten mit einer Nummer verzeichnet sind

SOL, HUERTAS UND RETIRO

Im Herzen der Stadt und im Herzen Spaniens – der Platz mit dem Namen Puerta del Sol ist das Zentrum Madrids und das Zentrum des spanischen Fernstraßennetzes: der offizielle Kilometer null der sechs großen Nationalstraßen, die von Madrid aus wie die Speichen eines Spinnennetzes das Land in alle Himmelsrichtungen durchziehen.

Südöstlich der Puerta del Sol liegt ★ *Huertas,* das Ausgehviertel der Touristen – aber keine Sorge, den Madridern gefällt es auch. *Huertas* sind Gemüsegärten, nach denen eine zentrale Straße des Viertels südöstlich der Puerta del Sol benannt ist. Deren Name hat sich schließlich für das ganze *barrio* eingebürgert. Die *Plaza de Santa Ana* ist der erste Anlaufpunkt aller Huertasbesucher. Sie ist umringt von Tavernen, Bars und Kneipen – eine der berühmtesten ist die *Cervecería Alemana,* in der schon Ernest Hemingway seine *cañas* getrunken hatte. Der Platz selbst ist ein einziges Straßencafé und fast immer voll belegt.

Huertas besitzt einen zweiten inoffiziellen Namen: *Barrio de las Letras,* Viertel der Literatur, denn hier lebten und arbeiteten einige der größten spanischen Dichter des *siglo de oro,* des „goldenen" 17. Jhs., unter ihnen Miguel de Cervantes, Félix Lope de Vega, Luis de Góngora und Francisco de Quevedo. Das *Wohnhaus Lope de Vegas* **(123 E3)** *(🗺 G5) (Di–So 10–18 Uhr, Führungen alle 30 Min. nur mit Anmeldung unter casamuseolopedevega@madrid.org oder Tel. 914 29 92 16 | Eintritt frei | C/ de Cervantes 11)* ist als kleines Museum hergerichtet und besitzt einen INSIDER TIPP lauschigen, kleinen Garten. Das Haus, in dem der Zeitgenosse Miguel de Cervantes seine letzten Lebensjahre verbrachte, wurde dagegen abgerissen. Immerhin steht der *Convento de las Trinitarias* (**(123 E4)** *(🗺 G5) C/ Lope de Vega 18)* noch, in dem Cervantes beerdigt wurde. Wahrscheinlich würde er sich im Grab umdrehen, wenn er wüsste, dass sich das Kloster ausgerechnet in der Straße befindet, die nach seinem einst größten Konkurrenten benannt wurde: Lope de Vega.

1 CAIXAFORUM ★

(123 F4–5) *(🗺 G5)*

Auf ein ehemaliges Kohlekraftwerk aus dem Jahr 1900 haben die Schweizer Architekten Pierre de Meuron und Jacques Herzog ein futuristisches, scheinbar in der Luft schwebendes Kulturzentrum gesetzt. Besonderer Blickfang ist der hängende Garten rechts vom Eingangsbereich: Wie ein lebendiges Gemälde überzieht er die ganze Fassade. In dem Kulturzentrum erleben Sie einen spannenden Mix aus wechselnden Ausstellungen, Konzerten und kulturellen Veranstaltungen. *Tgl. 10–20 Uhr | 4 Euro | Paseo del Prado 36 | obrasocial.lacaixa.es | Metro 1 Atocha*

2 CONGRESO DE LOS DIPUTADOS

(123 E3) *(🗺 G4)*

In der spanischen Wirtschaftskrise um 2011 hatten die beiden Bronzelöwen vor dem Abgeordnetenhaus echten Stress, um es vor den vielen Demonstranten zu schützen. Aber sie haben einen guten Job gemacht; kein Wunder: Immerhin wurden sie aus den Kanonen der gewonnenen Schlacht bei Wad-Ras im Afrikakrieg

MARCO POLO HIGHLIGHTS

★ Huertas
Das Viertel der Tag- und Nachtschwärmer → S. 28

★ Museo Nacional del Prado
Eine der bedeutendsten Gemäldegalerien der Welt → S. 30

★ Plaza de Cibeles
Viel los am Brunnen der Kybele → S. 33

★ Caixaforum
Schwebende Kultur und hängende Gärten → S. 29

★ Museo Nacional Centro de Arte Reina Sofía
Picasso und die Kunst des 20. Jhs. → S. 47

★ Madrid Río
Ein Park mit Fluss und Aussicht → S. 53

★ Palacio Real
Ein königliches Zuhause → S. 38

★ Madrid de los Austrias
Das charmante Altstadtviertel der Habsburger → S. 36

★ Parque del Retiro
Madrids bekanntester Park bietet für alle etwas → S. 36

★ Plaza Mayor
Harmonie im rechten Winkel → S. 34

★ Museo Thyssen-Bornemisza
Bummel durch die Kunstgeschichte in mehr als 1000 Gemälden → S. 32

★ Estación de Atocha
Eine tropische Bahnhofshalle → S. 47

1860 gegossen. *C/ de Floridablanca | www.congreso.es | 2 Sevilla*

3 MONASTERIO DE LAS DESCALZAS REALES (122 C2) (*🕮 E–F4*)

Mitten in Madrid können Sie ein Franziskanerinnenkloster besuchen, in dem bis heute noch 19 Nonnen leben. Allerdings bekommen die vom Trubel der Stadt nicht allzu viel mit, denn sie wohnen abgeschottet in einem Stadtpalast, der Sie auf eine Reise in die spanische Renaissance versetzt. Zu sehen gibt es neben sakraler Kunst eine kuriose INSIDER TIPP Sammlung von Christuskindfiguren. *Di–Sa 10–14 und 16–18.30, So 10–15 Uhr | 6 Euro (nicht in Madrid Card inbegriffen), Mi-Nachmittag und Do-Nachmittag für EU-Bürger frei | Plaza de las Descalzas | Metro 3, 5 Callao*

4 MUSEO NACIONAL DEL PRADO ★ (123 F3–4) (*🕮 G5*)

Als der Architekt Juan de Villanueva 1785 im Auftrag Karls III. mit dem Bau des Prado (zu Deutsch „Wiese") begann, dachte er noch, dass darin ein Naturkundemuseum untergebracht werden solle. Doch Karls Enkel Ferdinand VII. beschloss, in dem fertigen Gebäude ab 1819 die königliche Gemäldesammlung auszustellen. Im Lauf der Zeit errang das Museum seinen Ruf als eine der bedeutendsten Pinakotheken der Welt. Im Villanueva-Bau sind heute Werke vom 12. bis zum 19. Jh. ausgestellt. Schwerpunkt ist die spanische Malerei. Der Prado besitzt die umfassendsten Sammlungen von Werken El Grecos (1541–1614), Velázquez' (1599–1660) und Goyas (1746–1828), zudem der Velázquez-Zeitgenossen José de Ribera, Francisco de Zurbarán und Bartolomé Esteban Murillo. Dazu kommen herausragende Gemälde der Flamen Bosch, Rubens und Brueghel, der Deutschen Dürer und Cranach, der Italiener Botticelli, Rafael, Tizian, Tintoretto und Caravaggio und Hunderter Maler mehr.

Von ca. 7600 Gemälden, 1000 Skulpturen und über 8000 Zeichnungen warten

4 von 1300 (Werken): Machen Sie nicht den Fehler, alles sehen zu wollen im Prado!

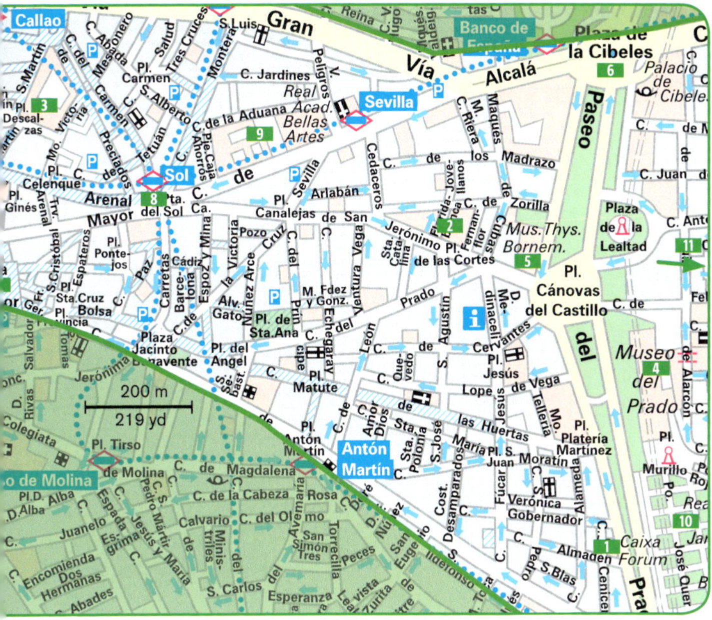

SEHENSWERTES IN SOL, HUERTAS UND RETIRO

Fußgängerzone

- **1** Caixaforum
- **2** Congreso de los Diputados
- **3** Monasterio de las Descalzas Reales
- **4** Museo Nacional del Prado
- **5** Museo Thyssen-Bornemisza
- **6** Plaza de Cibeles
- **7** Plaza Mayor
- **8** Puerta del Sol
- **9** Real Academia de Bellas Artes de San Fernando
- **10** Real Jardín Botánico
- **11** Retiro

die meisten Objekte im Keller auf bessere Zeiten, denn nur gut 1300 Werke können gezeigt werden. Trotzdem viel zu viel? Sie haben die Qual der Wahl. Ein paar Tipps sollen helfen, nicht völlig kopflos durch den Prado zu irren:

Las Meninas (Die Hoffräulein) von Diego de Velázquez. Kunsthistoriker sind fasziniert von der Perspektive des Malers, der sich im Vordergrund, leicht im Schatten, selbst ins Bild gesetzt hat, während im Hintergrund das Königspaar in einem Spiegel auftaucht.

El Jardín de las Delicias (Der Garten der Lüste) von Hieronymus Bosch. Auf den ersten Blick würde man nicht vermuten, dass das dreiflügelige Gemälde bereits um 1500 entstanden ist. In Anbetracht der knallbunten Farben und der einzigartig wilden Bildsprache ist es nicht weiter verwunderlich, dass manch einer Bosch als frühen Vorläufer des Surrealismus ansieht. Das farbenfrohe Werk, das nach gängiger Interpretation für den sündigen Menschen und die strafende Hölle stehen soll, ist schlichtweg faszinierend.

Perro semihundido (Halbversunkener Hund) von Francisco de Goya. Wer einmal den traurigen Blick des kleinen Hundes am unteren Bildrand gesehen hat,

vergisst ihn nie wieder. Es ist eines von Goyas späteren, „schwarzen" Bildern. Ebenfalls Kult: Die beiden Vorher-nachher-Gemälde *Die bekleidete Maja* und *Die unbekleidete Maja*.
Weitere Höhepunkte: *David, Sieger über Goliath* von Caravaggio, *Die drei Grazien* von Peter Paul Rubens, *Die Verkündigung* von Fra Angelico, das *Selbstbildnis Albrecht Dürers, Die Kreuzigung* von El Greco. 2007 erhielt der Villanueva-Bau an seiner Ostseite einen lichten, schnörkellosen Anbau, den der spanische Architekt Rafael Moneo rund um den Kreuzgang des ehemaligen Hieronymusklosters entworfen hatte. Seitdem ist die Fläche des Prados um 50 Prozent gewachsen; der Anbau wird vor allem für Sonderausstellungen genutzt. Wer nicht stundenlang in der Schlange stehen will, kauft die Eintrittskarten vorab unter *www.entradasprado.com. Mo–Sa 10–20, So 10–19, 24./31. Dez. und 6. Jan. 10–14 Uhr, 1. Jan., 1. Mai und 25. Dez. geschl. | 15 Euro,* ● *Mo–Sa 18–20, So 17–19 Uhr gratis | Paseo del Prado | www.museodelprado.es | Metro 1, 2 Atocha, Banco de España*

5 MUSEO THYSSEN-BORNEMISZA ★ (123 F3) (*⊞ G4*)

Friedrich Thyssen, Zweitgeborener des Gründervaters des Ruhrimperiums August Thyssen, wollte vom Stahl nichts wissen, heiratete eine ungarische Baronin mit Namen Bornemisza und sammelte Kunst. Ihr gemeinsamer Sohn Hans-Heinrich (1921–2002) wurde Schweizer Staatsbürger und sammelte weiter, mit Vorliebe deutsche Expressionisten. Bei seinem Tod hatte er rund 1500 Werke beisammen, die einen fast enzyklopädischen Gang durch die Kunstgeschichte Europas und Nordamerikas erlauben. Der zentrale Teil dieser Sammlung, etwa 800 Gemälde, ist in dem Museum im Palacio Villahermosa (18. Jh.) zu sehen. In einem modernen Anbau sind 220 weitere Gemälde ausgestellt.

FLUCHT AUS DEM PRADO

Nein, die Bilder im Prado hatten es nicht immer so gut wie heute. 1936 schwebten sie in großer Gefahr, als General Franco vor den Toren der Stadt aufkreuzte, um Madrid zu erobern. Aus Angst vor seinen Fliegerbomben sorgte ein eigens zur Rettung der Prado-Gemälde gegründeter Kunstrat für die Evakuierung von rund 20 000 Bildern. In individuellen Kisten schickte man sie zunächst nach Valencia. Aber auch dort waren sie vor Franco auf Dauer nicht sicher, also ging es weiter nach Barcelona und Figueres an der französischen Grenze. Ein heimlich gegründetes internationales Komitee organisierte schließlich im März 1939 den Transport nach Genf, wo die Bilder samt der neun Republikaner, die sie den ganzen Weg über begleitet hatten, mit riesigem Jubel begrüßt wurden. Drei Wochen nach Ende des Spanischen Bürgerkriegs wurden die Gemälde dann nach Madrid zurückbeordert. Die Schweiz organisierte noch schnell eine Prado-Ausstellung in Genf und schickte die Bilder dann im September 1939 heim. Um sie vor eventuellen Bombardierungen der Deutschen auf ihrem Weg durch Frankreich zu schützen, erfolgte der Transport heimlich, in einem Zug ohne Lichter.

Am Verkehrsknoten Plaza de Cibeles erhebt sich der Zuckerbäcker-Palacio de Cibeles

Ein chronologischer Spaziergang durch die Kunst vom 13. bis zum 20. Jh. beginnt im zweiten Stock und endet im Erdgeschoss. Herausragend: das Bildnis der *Giovanna Tornabuoni* (1488) von Domenico Ghirlandaio, *Heinrich VIII.* (um 1534) von Hans Holbein d. J., das *Bildnis eines jungen Manns* (um 1515) von Raffael, Edgar Degas' *Schwebende Tänzerin* (1877–79). *Mo 12–16, Di–So 10–19 Uhr | 12 Euro, Mo frei | Paseo del Prado 8 | www.museothyssen.org | Metro 2 Banco de España*

6 PLAZA DE CIBELES ★

(123 F2) (*🕮 G4*)

Ein Liebespärchen vor dem Karren der griechischen Göttin Kybele bildet den Mittelpunkt der vom Verkehr umtosten Plaza de Cibeles. Sie erkennen kein Liebespärchen? Natürlich nicht, denn Sie sehen aktuell zwei Löwen. In Wirklichkeit handelt es sich bei den beiden um zwei Liebende, die in einem Tempel von Kybele Sex hatten. Zeus erwischte sie dabei und verwandelte sie zur Strafe in zwei Löwenmännchen, die in entgegengesetzte Richtungen blicken. Das Paar darf zwar ein Leben lang zusammenbleiben, sich aber nie mehr in die Augen blicken. Die Madrider hängen an ihrer Göttin. Während des Bürgerkriegs verbargen sie die Figur unter einer Pyramide aus Sandsäcken und Ziegelsteinen. Heute muss die Cibeles vor allem vor ihren größten Fans beschützt werden, den Anhängern und Spielern von Real, die rund um die Fuente de la Cibeles, den Brunnen in der Platzmitte, ihre Siege feiern.

Größter Blickfang am Platz ist der *Palacio de Cibeles,* die ehemalige Madrider Hauptpost. Seit 2011 beherbergt er neben dem Rathaus auch das Kulturzentrum ● *Centro Centro (www.centrocentro.org).* Vom *Mirador (Di–So 10.30–13.30 und 16–19 Uhr | 2 Euro)* aus liegen

Ihnen die Stadt und die Plaza zu Füßen. Die anderen drei Ecken des Platzes besetzen der *Banco de España* (Spaniens Zentralbank), der *Palacio de Buenavista* (Sitz der Heeresleitung) und die *Casa de América* (Lateinamerikanisches Kulturzentrum). 200 m östlich die Calle de Alcalá hinauf steht die *Puerta de Alcalá,* ein Triumphbogen, mit dem sich Karl III. Ende des 18. Jhs. selbst ein Denkmal setzte. *Metro 2 Banco de España*

Über die Puerta del Sol wacht „Onkel Pepe“ – in Gestalt von Madrids ältester Leuchtreklame

7 PLAZA MAYOR ★

(122 B–C3) (*🕮 E4–5*)

Auf Madrids „Hauptplatz“ vergeht die Zeit etwas langsamer als im Rest der Stadt. Die Besucher lassen sich auf den Stühlen der Restaurant-*terrazas* nieder und hören den Straßenmusikern zu. Rund ums Reiterstandbild Philipps III. in der Mitte des rechteckigen Platzes versammeln sich junge Touristen, um zu plaudern, zu dösen oder Gitarre zu spielen. Die Plaza ist Bühne für unzählige kostenlose Konzerte und Veranstaltungen. 2017 feierte die Plaza Mayor ihr 400-jähriges Bestehen. Heute ist das Ambiente wesentlich relaxter als früher, denn es werden hier keine Stierkämpfe oder Hinrichtungen der spanischen Inquisition mehr zelebriert. Und kaum einer weiß um die grausame Vergangenheit der Reiterstatue. Es war auch eher ein Zufall, der das „mörderische Pferd" überführte: 1931, als Spaniens zweite Republik ausgerufen wurde, zerstörten die Republikaner viele königliche Statuen, darunter auch dieses Reiterstandbild. Zum Vorschein kam ziemlich überraschend ein „Vogelfriedhof", der sich dadurch erklärte, dass über die Jahrhunderte hinweg Vögel sich zum Schutz vor der Witterung durch das geöffnete Pferdemaul ins Innere des Pferdes verzogen, aber dummerweise nicht wieder hinausfanden. Heute ist das Maul versiegelt und verirrte Vögel gehören der Vergangenheit an.

Auffällig an der Nordseite des Platzes steht die *Casa de la Panadería,* die alte Kornkammer der Brotbäcker, in der die Touristeninformation untergebracht ist; die allegorischen Malereien auf der Fassade stammen erst von 1992. Es lohnt sich, über das romantische Steintreppchen *Escalerilla de Piedra* in der Südwestecke des Platzes zur Straße Cava San Miguel hinabzusteigen. Werfen Sie einen Blick zurück und bewundern Sie die gewaltigen Mauern der Wohnhäuser auf der westlichen Außenseite des Platzes. Dort reiht sich Restaurant an Restaurant. Das 1725 eröffnete *Botín (tgl. | C/ de los Cuchilleros 17 | Tel. 913664217 | €€€)* wirbt damit, das älteste Lokal der Welt zu sein. Spezialität ist *cochinillo,* Spanferkel. *Metro 1, 2, 3 Sol*

8 PUERTA DEL SOL

(122–123 C–D 2–3) *(F4)*

Nos vemos en el Oso y el Madroño – „Wir treffen uns beim Bären und dem Erdbeerbaum." Das Madrider Stadtwappen, das als Skulptur den Eingang zur Calle de Alcalá markiert, ist Treffpunkt all derer, denen kein besserer eingefallen ist. Besonders am Abend kann man hier Dutzende Menschen beobachten, die suchenden Blicks auf ihre Freunde warten. Sobald sich alle gefunden haben, ziehen sie davon. Niemand verweilt auf der Puerta del Sol. Sie ist Durchgangsplatz, ein Platz zum Weitergehen, ein Platz, den jeder kreuzt, der in der Innenstadt zu tun hat.

Auf der Nordseite des großen Halbrunds wirbt Madrids älteste Leuchtreklame für Tío Pepe, die berühmte Sherrymarke. Am westlichen Ende serviert das Café Mallorquina seit 1894 Kaffee und Gebäck. Doch beherrscht wird der Platz von der *Casa de Correos* mit ihrem auffälligen Glockenturm: Hier wird zu Silvester das neue Jahr eingeläutet. Die frühere Hauptpost an der Südseite ist heute Sitz der Madrider Regionalregierung, zur Francozeit aber wurden in den Kellern des Gebäudes politische Gefangene misshandelt.

Rechts und links vom Haupteingang erinnern Gedenktafeln an die „Helden des 2. Mai 1808", als Madrid sich gegen Napoleon erhob, und unter „Dankbares Madrid" an jene, die nach dem Terroranschlag vom 11. März 2004 den Opfern zu Hilfe eilten. Vor der Casa de Correos stehen immer einige Passanten und Touristen, die auf den Boden schauen: Dort befindet sich der Kilometer null der sechs Fernstraßen, die Madrid mit dem Rest Spaniens verbinden. *Metro 1, 2, 3 Sol*

9 INSIDER TIPP REAL ACADEMIA DE BELLAS ARTES DE SAN FERNANDO

(123 D2) *(F4)*

Das Museum der 1752 gegründeten Akademie der Schönen Künste beherbergt, wenig beachtet vom großen Publikum, eine kleine, feine Sammlung bedeutender Gemälde, u. a. von El Greco, Diego de Velázquez, Alonso Cano, Arcimboldo und Peter Paul Rubens, und als Hauptattraktion 13 Goyas, darunter eines seiner Selbstbildnisse, gemalt im Alter von 69 Jahren. *Di–So 10–15 Uhr | 8 Euro | C/ de Alcalá 13 | www.realacademiabellasartessanfernando.com | Metro 2 Sevilla*

10 REAL JARDÍN BOTÁNICO
(123 F4–5) (*🕮 G5*)

Eins vorab: Bitte verwechseln Sie den Botanischen Garten nicht mit dem dahinterliegenden Retiropark! Mehr als 200 Jahre alt sind die ältesten der rund 30 000 Bäume, Büsche und Blumen aus aller Welt, zwischen denen die Besucher spazieren wie in einem großen Garten. Der Jardín Botánico beherbergt auch die INSIDER TIPP Bonsaisammlung des ehemaligen Ministerpräsidenten Felipe González. *Tgl. 10 Uhr–Einbruch der Dunkelheit | 4 Euro | Plaza Murillo 2 | www.rjb.csic.es | Metro 1 Atocha*

11 RETIRO ★ (128–129 C–D 5–6, 132–133 C–D 1–2) (*🕮 H–J 4–5*)

Ein weißblauer Frühlingshimmel wölbt sich über Madrid – Zeit, mit Mann, Frau, Kind, Oma, Opa und Hund durch den Retiro zu streifen. Über den kleinen künstlichen See rudert ein Liebespaar. Auf dem asphaltierten Uferweg stimmt ein Saxofonist einen Ohrwurm an. Eine Frau zieht trockenes Stangenbrot aus einer Plastiktüte und zertritt es am Boden, für die Tauben. Ein vornehm ausschauender Herr hat einen Campingtisch aufgebaut und liest einem Kunden aus der Hand. Auf der anderen Seite des Sees, unter dem mächtigen *Reiterdenkmal von Alfons XII.*, liegen Jugendliche faul in der Sonne und rauchen seelenruhig einen Joint.

Im atemraubenden ● *Palacio de Cristal (Eintritt frei)* und im ● *Palacio de Velázquez (Eintritt frei)* ist zeitgenössische Kunst zu sehen. Im Süden steht exakt 666 m über dem Meeresspiegel die *Fuente del Ángel Caído,* der „gefallene Engel", das erste Denkmal der Welt zu Ehren des Teufels. Und im Südwesten des Parks erinnert der *Bosque de los Ausentes* aus 192 Zypressen und Olivenbäumen an die Opfer der Terroranschläge vom 11. März 2004, als eine Gruppe von Islamisten vier Vorortzüge auf dem Weg nach Madrid in die Luft sprengte.

Im 17. Jh. ließ Philipp IV. den Parque del Buen Retiro („Park zum guten Rückzug") als Königsgarten anlegen. Seit 1868 ist er allen Madridern geöffnet – eine grüne Oase, die sich am Wochenende in einen quirligen Dorfjahrmarkt verwandelt. *April–Sept. tgl. 6–24, Okt.–März 6–22 Uhr | Metro 1, 2, 9 Retiro, Ibiza, Atocha*

MADRID DE LOS AUSTRIAS/LA LATINA

★ Rund um den Königspalast und vor allem in dessen Südosten hat sich in den Gassen ein Zauber bewahrt, der in Madrid sonst kaum noch zu finden ist. Das liegt u. a. am Auf und Ab der Hügel und Einschnitte, dem die Straßen und Häuserzeilen notgedrungen gefolgt sind. Links und rechts der Calle Segovia zwischen Puerta Cerrada und dem Viaducto erleben Sie den Charme dieses Viertels am eindrücklichsten.

Das tagsüber so verträumte *barrio* wandelt sich abends zu einer besonders angesagten *zona de marcha.* Die Szenegänger haben dem Viertel ihren eigenen Namen gegeben: La Latina, nach der nächsten Metrostation. Der Name „Madrid de los Austrias" geht auf die Habsburger zurück, die mit Karl V. (in Spanien Karl I.) im 16. Jh. den spanischen Thron bestiegen, bevor sie im 18. Jh. nach dem Spanischen Erbfolgekrieg von den Bourbonen abgelöst wurden. Sie waren es auch, die Madrid 1561 zur spanischen Hauptstadt machten. Vom mittelalterlichen Madrid ließen sie fast nichts übrig. Einige wenige Spuren sind hier, im Madrid de los Austrias, noch zu finden.

1 CALLE MAYOR
(122 A–C3) (*🕮 E–F4*)

Die Hauptstraße des mittelalterlichen Madrid ist heute eine lebendige Wohn-, Büro- und Einkaufsstraße im Herzen der Stadt mit schön restaurierten Gebäuden. An der *Plaza de la Villa* erleben Sie geballte drei Jahrhunderte auf einen Streich: den Adelspalast *Casa y Torre de los Lujanes* aus dem 15. Jh., in der Mitte des Platzes die *Casa Cisneros* aus dem 16. Jh. und zu guter Letzt das ehemalige Rathaus Madrids, die *Casa de la Villa* aus dem 17. Jh. Nachts werden alle Gebäude angestrahlt und verleihen dem Platz einen zauberhaften Charme. *Metro 1, 2, 3, 5 Sol, Ópera*

2 INSIDER TIPP CAMPO DEL MORO ●
(127 D6) (*🕮 D4*)

Der elegante Garten hinterm Palacio Real mit seinen großzügigen Rasenflächen wird von den Madridern missachtet, weil er so umständlich zu erreichen ist: vom Königspalast aus bergab auf dem schmalen Bürgersteig an der viel befahrenen Cuesta de San Vicente. Wer sich dennoch hinwagt (z. B. etwas bequemer mit der Metro), hat den Park fast ganz für sich allein. *April–Sept. tgl. 10–20, Okt.–März 10–18 Uhr, bei offiziellen Anlässen geschl. | Metro 6, 10 Príncipe Pío*

3 CATEDRAL DE LA ALMUDENA
(122 A3) (*🕮 D4–5*)

Architekten dreht sich bei ihrem Anblick der Magen um – sie hat den Ruf, Spaniens hässlichste Kathedrale zu sein. Dafür, dass geschlagene 110 Jahre an dem Gebäude herumgebaut wurde, inklusive Baustopps im Bürgerkrieg, ist sie in der Tat ein abschreckendes Beispiel für einen Stilmix aus Neoklassizismus und Neoromanik, der nicht zeitgerecht ist. Daran ändert auch die Tatsache nichts, dass Papst Johannes Paul II. sie 1993 feierlich

La Almudena: Spaniens hässlichste Kathedrale? Aber in puncto „Frauenquote" ist sie ganz vorn!

geweiht hat und Spaniens König Felipe und seine Letizia 2004 dort geheiratet haben. Immerhin: Die Kathedrale strahlt eine besondere Wärme aus und verzeichnet eine gute Frauenquote mit vielen Nischen, in denen ausschließlich Nonnen verehrt werden. Wer das *Kathedralmuseum (Mo–Sa 10–14.30 Uhr | 6 Euro | museocatedral.archimadrid.es)* besucht, sieht auch die Sakristei und den Kapitelsaal und kann auf die Kuppel steigen. *Tgl. 9–20.30 Uhr | Eintritt frei | C/ Bailén 10 | Metro 2, 5 Ópera*

4 PALACIO REAL ★ (122 A2) (*🕮 D4*)
Der schlichte Habsburgerpalast – streng, quadratisch, mächtig – war einfach nicht sein Ding: Als Philipp V. 1700 die Ära der Bourbonenkönige in Spanien einläutete, stand ihm die Enttäuschung beim Anblick seines neuen Domizils ins Gesicht geschrieben. Schließlich kam er auf direktem Weg aus Versailles nach Madrid und sein Großvater war kein Geringerer als der Sonnenkönig, Ludwig der XIV.
Prunk und Kitsch waren unter den Habsburgern ein No-Go und es mussten 34 Jahre ins Land gehen, bis Philipp ein Licht am Horizont erblickte: Der alte Palast brannte ab und endlich konnte er ein Königshaus nach seinen Vorstellungen errichten. Das bezog 30 Jahre später sein Sohn Karl III. Er lebte fortan im größten Schloss von Südwesteuropa, das auf einer Fläche von rund 16 Fußballfeldern stolze 3418 Zimmer beherbergt – eine Märchenwelt voll kostbarer Gemälde, Wandteppiche, Deckenmalereien, Stuckornamente, Lüster, Möbel, Uhren, Geschirr, Degen, Rüstungen, Landkarten, Bücher. Schade, dass das Schloss seit dem Sturz der Monarchie 1931 unbewohnt ist. Heute kann man zumindest jene rund 50 Räumlichkeiten des Schlos-

50 aus 3418: kein neues Lottosystem – so viele der Gemächer im Palacio Real können Sie besichtigen

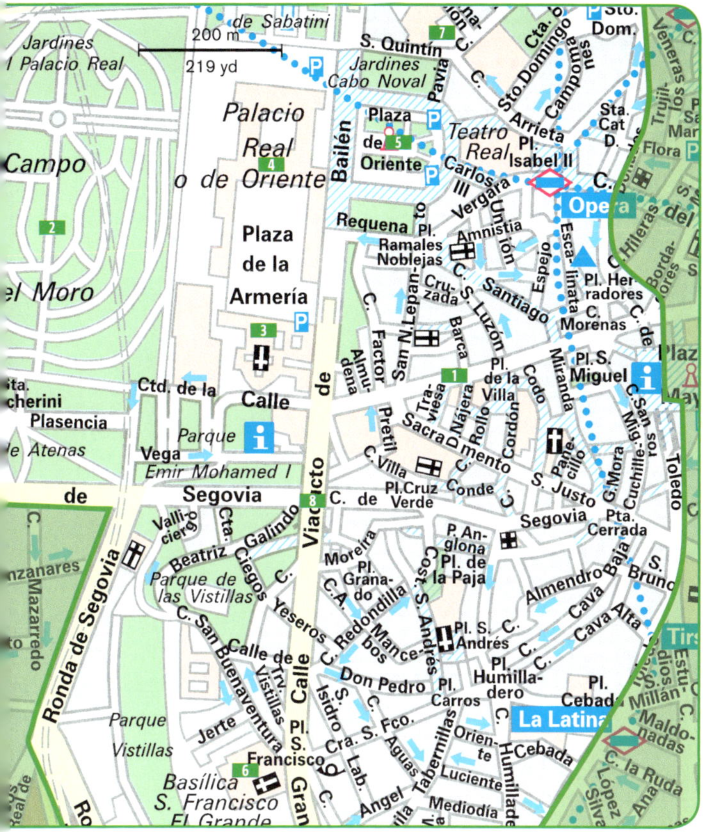

SEHENSWERTES IN MADRID DE LOS AUSTRIAS/LA LATINA

Fußgängerzone

1 Calle Mayor
2 Campo del Moro
3 Catedral de la Almudena
4 Palacio Real
5 Plaza de Oriente
6 Real Basílica de San Francisco el Grande
7 Real Monasterio de la Encarnación
8 Viaducto

ses besichtigen, die zum Königlichen Museum gehören, darunter den Krönungs- und Speisesaal, die Apotheke, die Kapelle und einen Raum mit Stradivarius-Instrumenten, für die ein eigenes Orchester engagiert ist, das die Instrumente regelmäßig spielt, um sie fit zu halten. Von Oktober bis Juni wird jeden ersten Mittwoch im Monat um 12 Uhr mittags vor dem Palacio Real eine INSIDER TIPP feierliche Wachablösung in Szene gesetzt. *April–Sept. tgl. 10–20, Okt.–März 10–18 Uhr | ● 11 Euro, Mo–Do die letzten beiden Stunden vor Schließung für EU-Bürger gratis | C/ Bailén | www.patrimonionacional.es | Metro 2, 5 Ópera*

72 m hoch überwölbt die Kuppel die Basílica de San Francisco el Grande

5 PLAZA DE ORIENTE
(122 A2) *(🕮 E4)*

Ein vornehmer Platz zwischen Königspalast und dem Teatro Real, Madrids Opernhaus. Der Befehl zum Bau des Platzes stammte von José Bonaparte, den sein Bruder Napoleon 1808 als spanischen König eingesetzt hatte. José, der Pariser Luft gewöhnt war, fand Madrid zu eng und winkelig und ließ allerorten Wohnhäuser oder Kirchen abreißen, um Raum für Plätze zu schaffen. Die Königsstatuen, die rund um den Platz angeordnet sind, sollten ursprünglich die Schlossbalustrade krönen. Die Anwohner des Viertels behaupten steif und fest, dass sie nachts von ihren Sockeln springen und Fußball spielen ...

Schauen Sie auch einmal in die Unterwelt: An der Einmündung der Calle Felipe V führt eine Treppe zur Tiefgarage hinab. Dort finden Sie hinter Glas die Fundamente eines Wachturms aus islamischer Zeit (11. Jh.) – einer der wenigen Reste des mittelalterlichen Madrids. *Metro 2, 5 Ópera*

6 REAL BASÍLICA DE SAN FRANCISCO EL GRANDE (122 A5) *(🕮 D5)*

Um einen echten Goya zu sehen, müssen Sie nicht unbedingt in den Prado gehen. In dieser neoklassischen Basilika sehen Sie Werke von Goya, Zurbarán und eine riesige Kuppel, die allein schon den Besuch wert ist. Immerhin handelt es sich um die Kuppel mit dem drittgrößten Durchmesser (33 m!) des Christentums. *Sept.–Juni Di–Sa 10.30–12.30 und 16–18, Juli/Aug. Di–So 10.30–12.30 und 17–19 Uhr | 3 Euro | C/ San Buenaventura 1 | Metro 5 La Latina*

7 REAL MONASTERIO DE LA ENCARNACIÓN (122 A–B 1–2) *(🕮 E4)*

Der Besuch des etwas verwohnten Augustinerinnenklosters (gegründet 1611)

lohnt sich wegen des INSIDER TIPP Reliquienraums: 700 kunstvolle Schreine aus Bronze, Elfenbein, Koralle, Edelholz enthalten heilige Knochenreste, Haarbüschel, Stofffetzen oder Holzsplitter. Die berühmteste Reliquie ist eine Ampulle, die das Blut des hl. Pantaleon bewahrt. Jedes Jahr am 27. Juli wird sie in die Kirche gebracht, während sich das geronnene Blut wundersam verflüssigt. *Di–Sa 10–14 und 16–18.30, So 10–15 Uhr | 6 Euro | Plaza de la Encarnación 1 | Metro 2, 5 Ópera, Santo Domingo*

8 VIADUCTO
(122 A3–4) (*D–E5*)

Schon der Architekt des Palacio Real, Giovanni Battista Sacchetti, träumte im 18. Jh. davon, den topografischen Einschnitt zwischen dem Königspalast und der Basílica San Francisco el Grande mit einer Brücke zu überwinden, doch erst 1874 machte ein eisernes Viadukt den Traum wahr. 1942 wurde die eiserne durch eine Stahlbetonbrücke im rationalistischen Stil ersetzt. Die Brücke hat viele Selbstmörder in Versuchung geführt, heute verhindern 2 m hohe Glasplatten den Sprung in die Tiefe. Südwestlich des Viaducto liegen die *Jardines de las Vistillas,* ein kleiner Park, in dem Sie einen schönen Blick auf die fernen Berge der Sierra de Guadarrama genießen können – am besten bei einem *tinto de verano* auf der *terraza* des *Restaurante El Ventorrillo. Metro 2, 5 Ópera, La Latina*

CHUECA, MALASAÑA UND CONDE DUQUE

Chueca ist Madrids Schwulenviertel. Zwischen den Straßen Fuencarral, Gran Vía, Recoletos und Génova gibt es viel junge Mode und ein buntes Nachtleben. Bis in die 1990er-Jahre war die Plaza Chueca Treffpunkt für Dealer und Junkies. Dass man sich heute sicher durch die Straßen bewegen kann, hat das Viertel den Schwulen zu verdanken. Sie kauften Häuser, renovierten sie, schicke Läden und Lokale entstanden. Und auf einmal war Chueca ein angesagtes Ausgehviertel, für Heteros genauso wie für die LGBT-Community. Vom Aufschwung profitierte auch die *Calle de Fuencarral,* die den Westrand des Viertels markiert. Sie ist heute die belebteste Einkaufsstraße Madrids.

FIT IN THE CITY

Wer nach ein paar Stunden im Museum wieder seinen Körper spüren will, kann es den Einheimischen nachmachen und über die Wege des Retiro joggen. Mitten im Park liegen die städtischen Sportanlagen *La Chopera* **(132 C1)** ***(H5)*** *(Mo–Fr 8.30–20.45, Sa/So 8.30–14.30 Uhr | 5 Euro)* mit Fußball- und Tennisplätzen sowie der Möglichkeit zum Muskelaufbautraining. Auch die Grünzonen der *Casa de Campo* bieten sich zum Laufen an. Am Rand des Stadtwalds öffnet zudem von Juni bis August ● Madrids schönstes städtisches Freibad **(126 A6)** ***(B4)*** *(tgl. 11–20.30 Uhr | 4,50 Euro | Paseo Puerta del Ángel 7 | Metro 10 Lago).*

Hippie, rockig, alternativ: So lässt sich Malasaña, das Viertel westlich der Calle Fuencarral rund um die *Plaza Dos de Mayo*, das gemütliche Herz des Stadtteils, am besten beschreiben. In den 1980er-Jahren galt es noch als gefährliches Pflaster und war gleichzeitig die Wiege der *movida madrileña.* Damit war zu Beginn des 21. Jhs., nach einer umfangreichen Grundsanierung, Schluss. Zwar sind die meisten Hauswände immer noch mit Graffitis geschmückt, aber das gehört hier zum guten Ton. Coole Designerboutiquen wechseln sich ab mit billigen Chinalokalen und Secondhandläden. Auch ein Hare-Krishna-Restaurant darf nicht fehlen. Spätabends wechselt Malasaña sein Gesicht, wenn die legendären Bars aus den Achtzigern und die Metalkneipen öffnen: Die *marcha* kann losgehen. Alterstechnisch sind keine Grenzen gesetzt, hier treffen Sie ausgehwütige Leute von U 20 bis Ü 60. Auch Hipster fühlen sich in Malasaña wohl, speziell in der Calle Corredera de San Pablo oder in der Calle Pez, den vielleicht angesagtesten Straßen der Stadt. In der Gegend rund um die Calle Ballesta, *Triball* genannt, gibt es weitere hippe Restaurants und Boutiquen, die in den letzten Jahren das Viertel vereinnahmt haben. Immer noch warten dort einige gelangweilte Prostituierte auf Kundschaft. Sie tun der Beliebtheit von Malasaña aber keinen Abbruch.

Boutiquen und andere interessante Läden finden sich auch im eher ruhigen Viertel rund um das Kulturzentrum Conde Duque. Dieses Altstadtwohnviertel voller gemütlicher Kneipen, Tapabars und *terrazas* schließt sich im Westen an Malasaña an.

1 CASA LONGORIA (128 B4) (*G3*)

Ein Gaudí-Bau in Madrid? Nein, es war der katalanische Architekt José Grases

Nirgends präsentiert sich Madrid großstädtischer als auf der Gran Vía

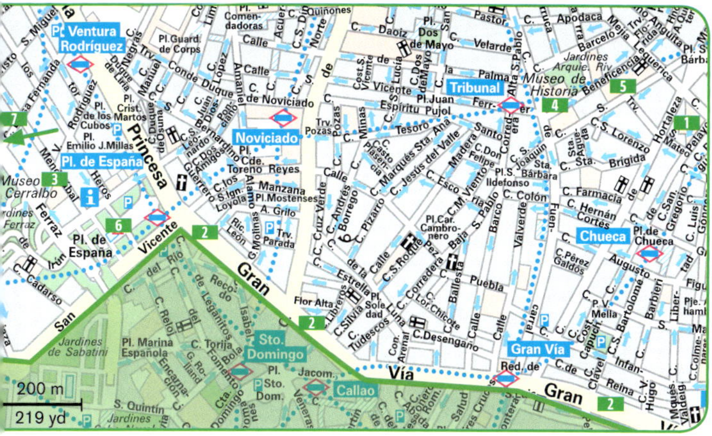

SEHENSWERTES IN CHUECA, MALASAÑA UND CONDE DUQUE

Fußgängerzone

1 Casa Longoria
2 Gran Vía
3 Museo Cerralbo
4 Museo de Historia de Madrid
5 Museo del Romanticismo
6 Plaza de España
7 Templo de Debod

Riera, der mit dem 1903 fertiggestellten Haus seine Vorstellung vom Modernismus (der spanischen Spielart des Jugendstils) nach Madrid brachte. Die Madrider nennen das schnörkelige Gebäude zärtlich *la tarta,* die Torte. Die runde Eisen-Bronze-Marmor-Treppe im Inneren ist von zeitloser Schönheit. *C/ Fernando VI 4, Ecke C/ Pelayo 61 | Metro 4, 5, 10 Alonso Martínez*

2 GRAN VÍA

(122–123 B–E 1–2) (*🕮 E3–4, F4*)

„Wenn du nur ein paar Stunden in Madrid bist, würde ich immer sagen: Geh zur Gran Vía", sagt der Filmregisseur Pablo Berger. „Hier hast du sie alle, die Banker und die Nutten, die zielstrebigen Einheimischen und die ratlos umherschauenden Touristen, die Einkaufsbummler, die Bettler, die Taschendiebe. Den ganzen Madrider Zoo." Die Gran Vía wurde Anfang des 20. Jhs. wie eine Bresche durch die Madrider Altstadt geschlagen, 1,3 km lang, sechs Fahrspuren breit. Links und rechts stehen etwas höhere Häuser als sonst im Stadtzentrum, im eklektischen Stil, ein bisschen Art déco, mit Skulpturen oder Säulenreihen auf den Dächern, ein bisschen US-Wolkenkratzer. Das höchste Gebäude ist die alte Telefónica-Zentrale (1929), deren Spitze mit blau leuchtender Uhr weithin zu sehen ist.

Zum Charme der Gran Vía gehört es, dass das traditionelle Madrid nicht weit ist. Pablo Berger sagt es so: „Gerade warst du noch in der großen Avenida mit ihren Prachtbauten, ihren Büros und Hotels und Boutiquen, und auf einmal, keine Hundert Meter entfernt, siehst du die Señora in Morgenrock und Hausschuhen in einer dieser Straßen, wo die Mode- oder Fast-Food-Ketten nicht angekommen sind. Neben der großen Stadt hast du das Dorf. Ich glaube nicht, dass du einen solchen Kontrast auf so engem Raum in anderen Großstädten erleben kannst." *Metro 1, 5 Gran Vía*

3 MUSEO CERRALBO
(127 D4) (*🗺 D3*)

Im Stadtpalast des 17. Marqués de Cerralbo ist die Zeit stehen geblieben. Möbel, Gobelins, Porzellan, Kronleuchter, Uhren, Gemälde aus allen Epochen: das Gesamtkunstwerk eines Adligen mit dem Geschmack des späten 19. Jhs. *Di–Sa 9.30–15, Do auch 17–20, So 10–15 Uhr | 3 Euro | ● Sa 14–15 Uhr und So Eintritt frei | C/ Ventura Rodríguez 17 | museocerralbo.mcu.es | Metro 3, 10 Plaza de España*

Spaniens Nationalhelden Don Quijote und Sancho Pansa: Blickfang auf der Plaza de España

4 MUSEO DE HISTORIA DE MADRID
(128 A4) (*🗺 F3*)

Im einstigen Hospiz (18. Jh.) ist das Stadtmuseum untergebracht. Das Eingangsportal erschlägt fast mit seiner barocken Pracht. Drinnen sind Gemälde (darunter Goyas *Alegoría de la Villa de Madrid*), Fotos und Dokumente zur Stadtgeschichte ausgestellt. Höhepunkt ist INSIDER TIPP ein exaktes Modell Madrids aus dem Jahr 1830. *Di–So 10–20 Uhr | Eintritt frei | C/ de Fuencarral 78 | Metro 1, 10 Tribunal*

5 MUSEO DEL ROMANTICISMO
(128 A4) (*🗺 F3*)

Wer den auf den ersten Blick etwas unscheinbaren Palast (erbaut 1776) betritt, fühlt sich bald wie ein heimlicher Besucher eines privaten Salons des 19. Jhs. Zwischen kostbaren Möbeln, Nippes und Musikinstrumenten zeigt das Museum Gemälde der wenig bekannten spanischen Romantik. Chillig und jazzig wird es im *Café del Jardín,* einem echten Geheimtipp unter den versteckten Madrider Cafés, die nicht jeder kennt. In dem Gartencafé im Vintagestyle gibt es Kaffee, Tee und leckere Weine. *Di–Sa 9.30–20.30 (Nov.–April bis 18.30), So 10–15 Uhr | 3 Euro, Sa ab 14 Uhr frei | C/ San Mateo 13 | museoromanticismo.mcu.es | Metro 1, 10 Tribunal*

6 PLAZA DE ESPAÑA

(127 D–E 4–5) *(D–E3)*

Man kann die beiden Hochhäuser am westlichen Ende der Gran Vía schön finden – man muss aber nicht. Sie stehen an der Plaza de España, die Ende der Nullerjahre zum Symbol der geplatzten Immobilienblase Spaniens wurde. An der Nordostseite des Platzes steht das 1953 von Diktator Franco eingeweihte, 25-stöckige *Edificio España,* das nach verfehlten Spekulationen von Immobilienhaien seit 2011 als verwaister Riese sein Dasein fristet. Mehrfach wurde es verkauft und soll nun voraussichtlich grundsaniert und zu einem riesigen Multikomplex umgebaut werden. Auch sein Nachbar, die 1957 fertiggestellte, 142 m hohe *Torre de Madrid,* stand seit jenem Schicksalsjahr leer, ist mittlerweile aber zu drei Vierteln wieder belegt und besteht aus Luxuswohnungen. Unbedingt fotopflichtig ist Spaniens heimlicher Nationalheld Don Quijote in der Mitte des Platzes mit Pferd Rosinante und seinem Begleiter Sancho Pansa.

7 TEMPLO DE DEBOD

(127 D4) *(D3)*

Liebespaare kommen in erster Linie wegen der Romantik zum Templo de Debod im Süden des Parque del Oeste. Hier ist nämlich INSIDER TIPP Madrids schönster Ort, der Sonne beim Untergehen zuzuschauen. Auch der Blick auf die Casa de Campo und den Königspalast ist nicht ohne. Aber was macht eigentlich ein ägyptischer Tempel in Madrid? Spanien hatte Ägypten in den 1960er-Jahren während des Baus des Assuan-Staudamms geholfen. Zum Dank schenkte Ägypten dem spanischen Staat diesen altägyptischen Tempel aus dem 2. Jh. v. Chr. *Di–So 10–20 Uhr | Eintritt frei | C/ Ferraz 1 | Metro 3 Ventura Rodríguez*

LAVAPIÉS UND RASTRO

Deutschen Besuchern fällt sofort der Vergleich mit Berlin-Kreuzberg ein: La-

Das Grauen des Luftkriegs: Picassos „Guernica“ im Reina Sofía, ein Werk von leider zeitloser Aktualität

vapiés ist Madrids Viertel mit dem höchsten Ausländeranteil – etwa 40 Prozent – und einer starken Anziehungskraft auf die alternative und neuerdings auch auf die LGBT-Szene.

Die *Plaza Lavapiés* ist ein Schmelztiegel der Nationen. Hier kommen Menschen aus Lateinamerika, Nord- und Schwarzafrika und China zusammen. Auf der angrenzenden *Calle de Argumosa* finden Sie angesagte Kneipen und Restaurants. Ein bisschen Hippie, ein bisschen alternativ, auf jeden Fall das aufstrebende Trendviertel Madrids nach Chueca und Malasaña. Den sonntäglichen Menschenandrang rund um die Plaza Cascorro könnte man glatt für ein Festival halten – aber Sie sind auf dem Rastro, Madrids riesigem Flohmarkt, gelandet. Zwischen den etwas baufälligen Gebäuden, Flamencoklängen und jeder Menge Antiquitätenläden reihen sich unzählige Stände mit allem, was man so braucht oder auch nicht, bis hinunter zur Calle Embajadores. Rechts davon kann man die nächsten beiden Parallelstraßen wieder hochlaufen, um echtes Flohmarktfeeling zu spüren. Kitsch, Ramsch und noch mehr altes Mobiliar in Hülle und Fülle. Die *gitanas* preisen Unterwäsche und Pelze an. Spätestens um 14 Uhr kehren die Rastrobesucher in die umliegenden Bars ein, um das Wochenende mit Tapas und reichlich Alkohol ausklingen zu lassen. Einen Lautstärkepegel wie hier haben Sie mit Sicherheit noch nie erlebt.

1 ESTACIÓN DE ATOCHA ★ ●

(123 F6) (*G–H6*)

Von außen sieht es aus wie ein Bahnhof, von innen wie ein überdimensionales Gewächshaus. Gut 100 Jahre lang fuhren Lokomotiven in die prächtige Halle unter das gewölbte Dach aus Eisen und Glas ein, bis sich die spanische Regierung in den Kopf setzte, eine Hochgeschwindigkeitsverbindung zur Expo 1992 in Sevilla zu schaffen. Für den modernen Zug, *AVE* getauft, baute der spanische Architekt Rafael Moneo eine neue Halle direkt hinter die alte und auf einmal war Platz für den Palmengarten im Bahnhof. Am angenehmsten genießen Sie die tropische Atmosphäre im Restaurant *Samarkanda (tgl. | Tel. 915309746 | €€)* auf einer erhöhten Terrasse auf der nördlichen Seite der Halle.

Am Morgen des 11. März 2004 ließen islamistische Terroristen in vier Madrider Vorortzügen zehn Bomben explodieren, die 191 Menschen in den Tod rissen. Einer der Züge war gerade in den Bahnhof Atocha eingefahren. Auf der Ostseite des Bahnhofs erinnert ein gläsernes Mahnmal an die Opfer. *Metro 1 Atocha Renfe*

2 MUSEO NACIONAL CENTRO DE ARTE REINA SOFÍA ★ ●

(123 F5–6) (*G6*)

Das Reina Sofía ist die chronologische Fortführung des Prado (und nur ein paar Schritte von ihm entfernt): Hier, im ehemaligen Hospital General (18. Jh.) des Architekten Francisco Sabatini, ist seit 1992 eine der bedeutendsten Sammlungen moderner, vornehmlich spanischer Kunst vom Beginn des 20. Jhs. bis heute ausgestellt. Ihr goldenes Herz ist Picassos *Guernica* (2. Stock, Saal 206.06), das der Maler 1937 während des Spanischen Bürgerkriegs im Auftrag der republikanischen Regierung für die Pariser Weltaus-

LOW BUDG€T

Die drei Topmuseen Prado, Reina Sofía und Thyssen-Bornemisza verkaufen den *Abono Paseo del Arte,* der für 29,60 Euro Zutritt zu allen drei Museen gewährt – Sie sparen so 20 Prozent des Normalpreises.

Vergessen Sie in Madrid nicht Ihren Personalausweis: Viele Museen und andere Einrichtungen bieten deutliche Preisnachlässe für über 65-Jährige und zu bestimmten Uhrzeiten Gratiseintritt für EU-Bürger.

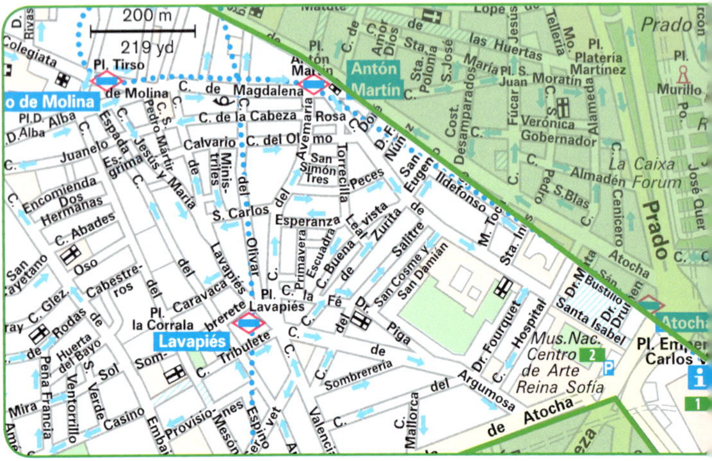

SEHENSWERTES IN LAVAPIÉS UND RASTRO

Fußgängerzone

1 Estación de Atocha

2 Museo Nacional Centro de Arte Reina Sofía

stellung malte. Am 26. April 1937 hatten Flieger der deutschen Legion Condor über dem baskischen Städtchen Guernica ihre Bombenlast abgeworfen, drei Viertel des Orts zerstört und Hunderte Menschen getötet. Die deutschen Militärs auf Seiten der Putschisten unter General Franco probten mit der Bombardierung zum ersten Mal den „totalen Krieg", der sich die Zivilbevölkerung zum Ziel nimmt. Aufgewühlt und empört, machte sich Picasso ein sehr eigenes Bild von den Schrecken des Kriegs.

Im 2. Stock sind neben Picasso weitere Klassiker der Avantgarde der ersten Hälfte des 20. Jhs. ausgestellt, unter ihnen Juan Gris, Francis Picabia, Joan Miró und Salvador Dalí. Nehmen Sie sich im Saal 203 die Zeit, den INSIDERTIPP 16-Minuten-Film „Ein andalusischer Hund" von Luis Buñuel und Dalí von 1929 anzuschauen, den Höhepunkt surrealistischer Filmkunst. Eine Entdeckung im Saal 207: das ironische Selbstporträt *Autorretrato* von Alfonso Ponce de León. Der 4. Stock ist der aktuelleren Kunst, u. a. von Antoni Tàpies, Eduardo Chillida und Antonio López, gewidmet.

2005 erweiterte der französische Architekt Jean Nouvel das Reina Sofía um einen weinrot glänzenden Anbau, der sich herausnimmt, ins Auge fallen zu wollen – was ihm einige Kritiker übel nahmen. Dort ist nun Platz für Sonderausstellungen und Konzerte, für ein schickes Café und eine exquisite Kunstbuchhandlung.
Mo und Mi–Sa 10–21, So 10–19 Uhr | 10 Euro, Mo und Mi–Sa ab 19, So ab 13.30 Uhr gratis | C/ de Santa Isabel 52 | www.museoreinasofia.es | Metro 1 Atocha

SALAMANCA UND CHAMBERÍ

Wer im Barrio de Salamanca sein Zuhause hat, der lebt auf der Sonnenseite des

Lebens: Das Viertel ist luxuriös, elegant – und teuer.
Nirgendwo sind die Wohnungen teurer als in diesem Stadtbezirk östlich des Paseo de la Castellana und nördlich des Retiroparks. Im rechtwinkligen Straßennetz liegen Stadtpaläste und vornehme Bürgerhäuser des 19. Jhs. Die Bewohner lieben die gediegene Atmosphäre der Nachbarschaft und das etwas ruhigere Nachtleben. Für Madridbesucher ist das Salamancaviertel vor allem wegen seiner exklusiven Geschäfte an der und rund um die Calle Serrano und wegen einiger hochklassiger Restaurants interessant.

Im distinguierten Salamanca rund um die Calle de Serrano finden Sie die exklusiven Adressen

Auf der anderen Seite des Paseo de la Castellana, auf Höhe der Plaza Colón, beginnt der schöne Bezirk Chamberí. Er teilt sich in mehrere Viertel auf, u. a. das mondäne *Almagro,* in dem viele Botschaften residieren, aber auch das angesagte *Trafalgar* mit seinen unzähligen Tavernen und Bars rund um die *Plaza Olavide* oder auf Madrids Biermeile, der *Calle de Cardenal Cisneros.*

1 INSIDER TIPP MUSEO ANDÉN 0

(128 A–B2) ***(🕮 G2)***

Jetzt wirds spannend: Madrids Metro hat nämlich eine richtige Geisterstation. Bis 1966 diente die Station Chamberí als Haltestelle zwischen Iglesia und Bilbao. Heute preschen die Metrowaggons gnadenlos an der Station vorbei und die Fahrgäste können nur für Bruchteile von Sekunden die alten Fliesen und Werbeplakate aus längst vergangenen Zeiten wahrnehmen. Sie können sich die Haltestelle aus dem Jahr 1919 aber auch aus der Nähe ansehen: Sie wurde mittlerweile als Museumsstation hergerichtet, die Fliesen und Reklamekacheln für längst verschwundene Bars und Läden hat man renoviert und selbst alte Metrotickets und Mobiliar aus der Zeit sind noch vorhanden. *Do 10–13, Fr 11–19, Sa/So 11–*

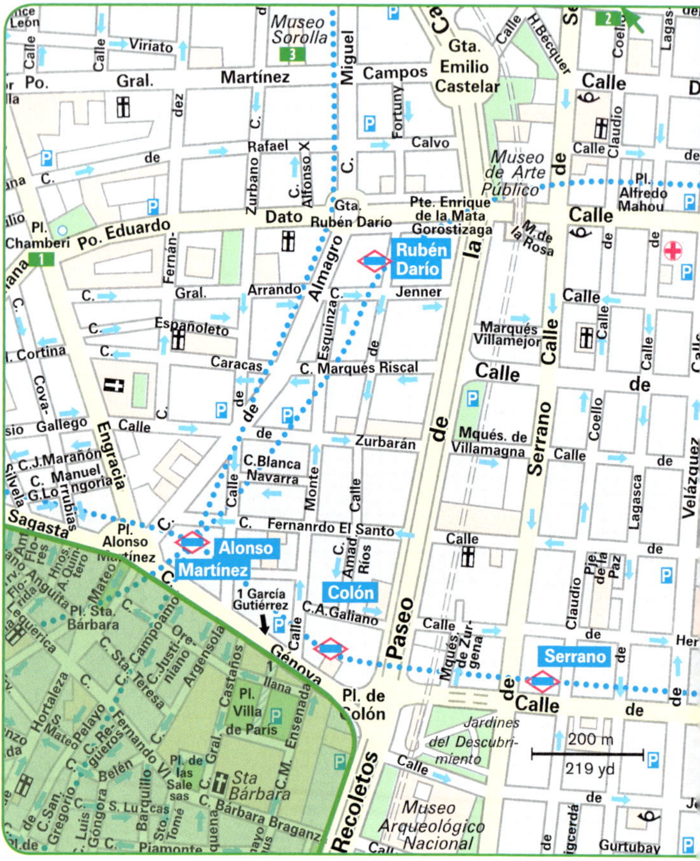

SEHENSWERTES IN SALAMANCA UND CHAMBERÍ

1 Museo Andén 0

2 Museo Lázaro Galdiano

3 Museo Sorolla

15 Uhr | Eintritt frei | Plaza de Chamberí | Metro 1, 4 Iglesia, Bilbao

2 INSIDERTIPP MUSEO LÁZARO GALDIANO (128–129 C–D1) (*H1*)

Der alte Stadtpalast in der Calle de Serrano hat schon viele Gesprächszirkel legendärer spanischer Schriftsteller erlebt. Dabei kennen selbst viele Madrider das Museumshaus des Verlegers José Lázaro Galdiano nur vom Hörensagen. Hier sehen Sie seine private Sammlung, die für einen Privatmann nicht von schlechten Eltern war. Neben Werken von Goya, El Greco oder Bosch sammelte er Briefe von Lope de Vega und handschriftliche Manuskripte aus dem Mittelalter. *Di–Sa 10–16.30, So 10–15 Uhr | 6 Euro, ab 1 Std. vor Schließung gratis | C/ de Serrano 122 | www.flg.es | Metro 5 Rubén Darío*

3 MUSEO SOROLLA
(128 B1–2) *(🕮 G1)*

Mit etwas Glück lernen Sie bei einem Besuch des Museumshauses des Malers Joaquín Sorolla nicht nur seine lichtdurchfluteten Werke und persönlichen Wohnbereiche, sondern auch seine Urenkelin kennen: Sie ist oft vor Ort, um Besuchern das Erbe ihres Urgroßvaters näherzubringen. Schöner Garten im andalusischen Stil. *Di–Sa 9.30–20, So 10–15 Uhr | 3 Euro, Sa ab 14 Uhr und So gratis | Paseo General Martínez Campos 37 | museosorolla.mcu.es | Metro 5, 7, 10 Gregorio Marañón, Rubén Darío*

Möbel und Malerei: das wenig bekannte Museo Lázaro Galdiano

AUSSERDEM SEHENSWERT

INSIDER TIPP EL CAPRICHO DE LA ALAMEDA DE OSUNA (0) *(🕮 0)*

Einer der schönsten und zugleich unbekanntesten Parks Madrids, der ein spannendes Geheimnis birgt: 15 m unter der Erde befindet sich ein riesiger, perfekt erhaltener Bunker aus dem Spanischen Bürgerkrieg, dem selbst 100 kg schwere Bomben nichts anhaben konnten. *Nur an Wochenenden und Feiertagen geöffnet | Metro 5 El Capricho*

CASA DE CAMPO
(126 A–B 5–6) *(🕮 A–B 2–4)*

Allem Smog und Lärm zum Trotz ist Madrid eine richtig grüne und vielerorts auch ruhige Stadt. Glauben Sie nicht? Dann gehen Sie mal in die Casa de Campo! Der Park mit seinem lockeren Kiefernwald ist fünfmal so groß wie der Central Park in New York. Am Südrand befinden sich der Madrider Zoo und der Vergnügungspark *Parque de Atracciones* (s. S. 105). Wer ein bisschen Nervenkitzel mag, steigt in die wackligen Gondeln des *Teleférico de Madrid* (s. S. 105), einer Seilbahn, die vom südlichen Ende des *Parque del Oeste* (126 C3) *(🕮 C2)* 2,5 km weit mitten in die Casa de Campo hineinschwebt. Der Blick auf Madrid aus bis zu 40 m Höhe ist schlichtweg umwerfend und liefert zudem den Beweis: Madrid ist eine grüne Stadt.

Der Name des Parks – „Landhaus" – geht übrigens auf Philipp II. zurück, der sich ein solches hier zum Jagdschlösschen ausbauen ließ. Das dazugehörige Jagdrevier wurde 1931 zur öffentlichen Anlage erklärt. *Metro 10 Lago*

EL ESCORIAL (134 A1) (*🕮 0*)

Kein Schloss, ein Ausrufungszeichen ist der Klosterpalast Real Monasterio de San Lorenzo de El Escorial: Der mächtigste Mann seiner Zeit, Philipp II., demonstrierte der Welt mit dem dramatischen Granitbau die Überlegenheit der spanischen Krone und die seines katholischen Glaubens gegen alle Anfeindungen der Reformation.

Ernst und klar steht das königliche Kloster auf gut 1000 m Höhe vor der Kulisse der Sierra de Guadarrama im Nordwesten Madrids, etwa 40 km von der Hauptstadt entfernt. Über einem rechteckigen Grundriss von 161 mal 207 m erhebt sich die vierstöckige Anlage, überragt von der 90 m hohen Kuppel der Basilika, des

Ein wahres Trumm von Kloster, ein Palast für die Gegenreformation: El Escorial

Herzstücks des Gebäudes. 2600 Fenster gliedern schmucklos die Fassade, als verberge sie eine gewaltige Kaserne. Die Architekten Juan Bautista de Toledo und Juan de Herrera entwarfen die Pläne und überwachten den Bau (1563–1584) des Palasts unter dem strengen Blick und steten Einfluss des Habsburgerkönigs. Philipp bewohnte nur einen kleinen Teil der Anlage, El Escorial war vor allem ein Kloster für 100 Mönche des Hieronymusordens.

Heute beherbergt El Escorial eine wunderbare Gemäldesammlung, u. a. mit Werken von Tizian, Tintoretto, Peter Paul Rubens, Hieronymus Bosch, Anthonis van Dyck und Jusepe de Ribera; herausragend: „Der Kalvarienberg" von Rogier van der Weyden. Unter den schlicht eingerichteten Königsgemächern ist auch Philipps Schlafzimmer zu besichtigen. Eine steile Treppe führt ins Pantheon der Könige hinab: einen fensterlosen, ganz mit rotem und blauem Marmor ausgelegten Raum. In den Wandnischen stehen die Särge fast ausnahmslos aller Könige und Königinnen Spaniens seit Karl V. bis Alfons XIII. Zum Abschluss lohnt sich der Weg hinauf zur Bibliothek mit ihren 40 000 kostbaren Bänden und zur gegenüber liegenden Basilika.

Di–So 10–18, April–Sept. bis 20 Uhr | 10 Euro, Mi/Do 3 Std. vor Schließung für EU-Bürger frei | Anfahrt mit den Buslinien 661 und 664 vom unterirdischen Busbahnhof bei der Metrostation Moncloa (Metro 3, 6)

ERMITA DE SAN ANTONIO DE LA FLORIDA (126 B–C4) (*🗺 C3*)

In der kleinen Kirche liegt seit 1919 niemand Geringerer als Francisco de Goya begraben. In der Kirchenkuppel über ihm wölbt sich sein Fresko „Die wunderbare Erscheinung des hl. Antonius in Lissabon". *Di–So 9.30–20 Uhr | Eintritt frei | Glorieta San Antonio de la Florida 5 | Metro 6, 10 Príncipe Pío*

MADRID RÍO ★ (126 C 5–6, 130–131 C–F 1–6) (*🗺 C–F 4–8*)

Hat Madrid eigentlich einen Fluss? Oh ja – den Manzanares! Aber der hat leider nie die Berühmtheit einer Seine oder einer Themse erlangt. In den 1970er-Jahren, zu Zeiten der Franco-Diktatur, baute man eine Schnellstraße an sein linkes und rechtes Ufer, als Teil des Autobahnrings um die Innenstadt. Für ein paar Jahrzehnte verschwand der Fluss aus der Erinnerung der Einheimischen. Nun ist er wieder da. Wo jahrzehntelang der Autoverkehr achtspurig floss oder stockte, macht sich seit 2012 ein Park breit und vor allem lang. Madrid Río, „Madrid Fluss", heißt die 120 ha große Grünanlage. Sie ist das gelungene Ergebnis einer der weltweit gewaltigsten Stadtumbauten der Gegenwart. Es war eine Operation am offenen Herzen: Während über die Ringautobahn weiter der Verkehr pulsierte, gruben die Bagger unter den Fahrbahnen kilometerlange Tunnel. Jetzt fließt der Verkehr unterirdisch und oben ist der Traum von der Parklandschaft am Wasser wahr geworden.

Am nördlichen Ende des Parks *(Metro 6, 10 Príncipe Pío)*, auf Höhe des Puente del Rey **(126 C5)** *(∭ C–D4)*, bietet sich ein Panorama, das bisher Autofahrern vorbehalten war: Hier erhebt sich, auf einer Anhöhe über dem Manzanares, das Madrid de los Austrias mit dem Königspalast, der Kathedrale und der Kirche San Francisco el Grande. Nichts lässt darauf schließen, was sich ein paar Meter tiefer abspielt: Genau hier haben die Bauingenieure ein ganzes Autobahnkreuz, das sich früher über den Fluss spannte, unter die Erde gelegt.

Vom Puente del Rey aus begleitet Madrid Río den Manzanares auf rund 10 km Länge in Richtung Südosten. Der Fluss selbst ist ein Flüsschen geblieben, gerade mal 50 m breit und so flach, dass er nicht zum Ertrinken taugt (und für Schiffsverkehr schon gar nicht). Er plätschert leise und ein wenig trübe durch sein künstliches Bett aus Basalt, in das ihn die Stadtplaner schon in den 1940er-Jahren gepfercht haben.

Nach den ersten 500 m Fußweg ist es mit Ruhe und schönen Ausblicken vorbei: Jenseits des Puente de Segovia wird Madrid Río zum Volkspark und gehört den Menschen, die in den Hochhäusern auf der Südwestseite des Manzanares leben. Nach Jahrzehnten am Rand der Autobahn haben sie sich den Park so selbstverständlich zu eigen gemacht, als hätte es vor ihrer Haustür nie etwas anderes als Bäume, Spielplätze und Straßencafés gegeben. Eine Radtour durch den Park finden Sie im Kapitel „Erlebnistouren", einen Flyer können Sie unter *short.travel/mad1* herunterladen.

PLAZA DE CASTILLA (0) *(∭ 0)*

Wer in Madrid Großstadtgefühle vermisst, fährt zur Plaza de Castilla am Paseo de la Castellana im Norden der Stadt unweit von Madrids nördlichem Hauptbahnhof Chamartín. Hier haben die US-amerikanischen Architekten Philipp Johnson und John Henry Burgee in den 1990er-Jahren als modernes Stadttor die *Puerta de Europa* errichtet: zwei Hochhaustürme, die sich um 15 Grad gekippt einander zuneigen. Die Madrider nennen sie noch immer Torres KIO, nach ihrem ursprünglichen Bauherrn, dem Kuwait Investment Office. Mit ihren 107 m und 27 Stockwerken reichen die Türme an wahre Wolkenkratzer zwar nicht heran, doch ihre einmalige Form hat sie zu einem inoffiziellen Wahrzeichen Madrids werden lassen.

Die goldfunkelnde Stele inmitten des Platzes, der 92 m hohe *Obelisco de Calatrava,* wurde vom valencianischen Architekten Santiago Calatrava entworfen. Anderthalb Kilometer weiter nördlich ragen vier echte Wolkenkratzer in den Himmel über Madrid, die sogenannten *Cuatro Torres,* darunter die von Norman Foster entworfene *Torre Foster.* Mit 250 m ist sie Spaniens höchstes Gebäude. Die Türme sind nicht zu besichtigen. Sie beherbergen Büros, Banken und das Luxushotel *Eurostars Madrid Tower Hotel (474 Zi. | Tel. 913342700 | www.eurostarsmadridtower.com | €€€). Metro 1, 9, 10 Plaza Castilla*

PLAZA DE TOROS LAS VENTAS

(0) *(🗺 L2)*

Man muss den Stierkampf nicht mögen und kann sich trotzdem von dieser monumentalen Arena östlich des Salamancaviertels am Schnittpunkt von Calle de Alcalá und Stadtautobahn beeindrucken lassen. Sie wurde im nachempfundenen Mudejarstil erbaut, mit Hunderten von Hufeisenbögen in der Backsteinfassade. 1934 fand hier die erste *corrida* statt. Knapp 24 000 Menschen haben in dem gewaltigen Rund Platz, damit ist Las Ventas die weltweit drittgrößte Stierkampfarena. Heute dient die Arena nicht nur dem rituellen Stieretöten, sondern wird auch als Open-Air-Bühne für Konzerte heimischer und internationaler Pop- und Rockstars genutzt. *Besichtigung mit Audioführer tgl. 10–17.30 (an Tagen mit corrida bis 13) Uhr | 12,90 Euro | C/ de Alcalá 237 | lasventastour.com | Metro 2, 5 Ventas*

An der Plaza de Castilla gibt sich Madrid mit der Puerta de Europa (post-)modern

ESSEN & TRINKEN

Die Spanier lieben ihre Küche. Wenn sie die Vorzüge ihres Landes aufzuzählen beginnen, nimmt das Essen eine herausragende Stellung ein.

Kein Zweifel, dass die spanische Küche auf exzellente Zutaten zurückgreift: frisches Gemüse, frisches Fleisch und vor allem frischer Fisch und Meeresfrüchte. Vor den Toren Madrids öffnet jeden Morgen der nach Tokio zweitgrößte (nur für Großhändler zugängliche) Fischmarkt der Welt seine Pforten. Fisch, kalt gepresstes Olivenöl, Hülsenfrüchte und ein Gläschen Rotwein sind die Grundpfeiler der mediterranen Ernährung. Doch außer Olivenöl, Salz und gerne etwas Knoblauch geben die Kastilier ihren Speisen traditionell wenig bei. Das ist es gerade, was ihnen an ihrer eigenen Küche so gefällt: der reine Geschmack der Tomate!, des Barsches!, des Schweins!, der Miesmuschel! In Madrid ist die Küche eher deftig. Kutteln und kross gebratene Schweinsohren lassen die Madrider in Verzückung geraten – eine Köstlichkeit für entdeckungsfreudige Esser. Lamm und Spanferkel findet man vor allem in den klassischen Restaurants im historischen Zentrum. Und natürlich können Sie, siehe oben, auch sehr gut Fisch in Madrid essen.

Die Essenszeiten verschieben sich in Madrid um zwei Stunden im Vergleich zu Mitteleuropa. Viele Restaurants öffnen erst gegen 21 Uhr und am Wochenende bestellt man auch gern erst gegen 23 Uhr einen Tisch und hangelt sich vorher von Aperitif zu Aperitif. Zu Mittag wird zwischen 14 und 16 Uhr gegessen.

Gute Zutaten, einfache Rezepte – und zu jeder Tageszeit locken Tapabars mit ihren kleinen Versuchungen

CAFÉS

CAFÉ BARBIERI (123 D5) *(🕮 F6)*
Ein bisschen Wiener Kaffeehausatmosphäre zwischen Eisensäulen und Marmortischen, mit der Zeit etwas heruntergekommen: Genau das macht den Charme des Barbieri aus. *Tgl. 16–2 Uhr | C/ Ave María 45 | Metro 3 Lavapiés*

LA BICICLETA CAFÉ (128 A4) *(🕮 F3)*
Workplace, Café, Bar und Hipstertempel in einem mit einer großen Leidenschaft für Fahrräder und guten Kaffee. Es gibt Salate, Snacks – und die hausgemachten Brownies und Cookies sind eine Wucht. *So–Mi 10–1, Do 10–2, Fr/Sa 10–2.30 Uhr | Plaza de San Ildefonso 9 | Metro 1, 10 Tribunal*

CAFÉ COMERCIAL (128 A3) *(🕮 F2)*
Durch eine Drehtür geht es in den Eingangsbereich mit Tapatresen, dahinter kommt das Café – Madrids ältestes – mit lederbezogenen Sitzbänken und Marmortischen. Eine Institution seit 1887.

Mo–Fr 8.30–2, Sa/So 9–2 Uhr | Glorieta de Bilbao 7 | Metro 1, 4 Bilbao

EL ESPEJO ★ (128 C4) *(🕮 G3)*
Dieses Café im Glashaus auf dem Fußgängerboulevard des Paseo de Recoletos ist erst 1978 eröffnet worden, bezaubert aber mit dem ganzen Charme des Jugendstils. *Mo–Fr 8–24, Sa/So 9–24 Uhr | Paseo de Recoletos 31 | Metro 4 Colón*

So 11–22 Uhr | C/ San Vicente Ferrer 32 | Metro 1, 10 Tribunal

CAFÉ MANUELA (127 F4) *(🕮 F3)*
Ganz viele Kaffeesorten, Kuchen, Kaffeehauscharme und klassische Brettspiele. Bei „Mensch ärgere dich nicht" und Co. packen alle ihre Handys ein. *Tgl. 16–2.30 Uhr | C/ San Vicente Ferrer 29 | Metro 1, 10 Tribunal*

Kreativer Kopf mit Kuli und Kochlöffel: David Muñoz, Küchenchef im Diverxo

CAFÉ GIJÓN (128 B5) *(🕮 G4)*
Madrids berühmtestes Café: Seit 1888 trafen und treffen sich hier die Literaten der Stadt, von Ramón de Valle-Inclán bis Arturo Pérez-Reverte. *Tgl. 7.30–1.30 Uhr | Paseo de Recoletos 21 | Metro 4 Colón*

INSIDER TIPP JUANSE KAFE
(127 F4) *(🕮 F3)*
Mehr als die Kacheln an der legendären Fassade sind von der alten Apotheke Juanse nicht übrig geblieben. Heute gibt es hier leckeren Kuchen und Delikatessen aus dem Baskenland und Navarra. *Di 14–21.30, Mi/Do 10–21.30, Fr 10–23.30, Sa/*

MARICASTAÑA (122 C1) *(🕮 F3)*
Der Cheesecake ist einfach umwerfend und Langschläfer können hier ganz spät noch frühstücken. Erinnert ein bisschen an die Cafés in Berlin. *So–Do 10–2, Fr/Sa 10–3 Uhr | Corredera Baja de San Pablo 12 | Metro 3, 5 Callao*

ESSEN UNTER FREIEM HIMMEL

CASA DE GRANADA
(122 C4) *(🕮 F5)*
Boah, was für ein Ausblick! Einst ein Geheimtipp, heute eine der beliebtesten

Dachterrassen der Stadt: die Tapabar im 6. Stock. Zum Einlass müssen Sie unten klingeln! *Tgl. | C/ Doctor Cortezo 17 | Tel. 913 69 35 96 | Metro 1 Tirso de Molina | €*

EL JARDÍN DE SALVADOR BACHILLER (123 D2) *(🕮 F4)*
Ein versteckter Garten in einem Koffergeschäft? Aber ja doch! Im obersten Stockwerk versteckt sich eine romantische Dachterrasse mit Vintageflair und Kübeln voller bunter Blumen. Couscous mit Huhn und Hummus sind besonders lecker. *Tgl. | C/ de la Montera 37 | Tel. 915 31 02 60 | €*

INSIDER TIPP **PLAZA OLAVIDE** (128 A2) *(🕮 F2)*
Bei gutem Wetter ist der runde, verkehrsberuhigte Platz in Chamberí ein einziger Bienenkorb. Acht einfache Restaurants mit Dutzenden von Tischen vor der Tür, die von Gästen umlagert sind. Typische Mahlzeit zum Teilen: eine große Salatschüssel und *tortilla de patatas. Metro 1, 2 Iglesia, Quevedo | €*

LA TITA RIVERA (123 D1) *(🕮 F3)*
Entspanntes Hofrestaurant. Viel junges Publikum, das zum Bier hausgemachte Hamburger oder Burritos isst. *Tgl. | C/ Pérez Galdós 4 | Tel. 915 22 18 90 | Metro 1, 5 Gran Vía | €*

RESTAURANTS €€€

ALABASTER (128 C6) *(🕮 H4)*
Die galicischen Betreiber des Restaurants nahe der Plaza de Cibeles können ihre Wurzeln nicht verleugnen: Fisch und Meeresfrüchte sind die Stars der Karte. Moderne, einfache Küche mit erstklassigen Zutaten in elegant-entspanntem Ambiente. *So geschl. | C/ de Montalbán 9 | Tel. 915 12 11 31 | www.restaurantealabaster.com | Metro 2 Banco de España*

DIVERXO ★ (125 D2) *(🕮 0)*
David Muñoz (Jahrgang 1980) ist der Rockstar unter Spaniens Köchen: aufregend, schrill, frech. Sein Restaurant im Hotel NH Eurobuilding sei der „Cirque du Soleil" der Küche, schrieb ein Gastrokritiker. Poesie für den Gaumen, Spektakel für alle Sinne. Mit 200–250 Euro müssen Sie rechnen, Getränke nicht inbegriffen. Aber: You only live once! *So/Mo geschl. | C/ Padre Damián 23 | Tel. 915 70 07 66 | www.diverxo.com | Metro 10 Cuzco*

MARCO POLO HIGHLIGHTS

★ **El Espejo**
Charmanter lässt sich in Madrid kein Kaffee trinken → S. 58

★ **DiverXO**
Madrids einziges Dreisterne-restaurant – mit auffälligem Chef → S. 59

★ **La Tasquita de Enfrente**
Edel essen im volkstümlichen Viertel Malasaña → S. 60

★ **Platea Madrid**
Große Küche in altem Kino: Vergnügen für Gaumen und Augen → S. 60

★ **Matritum**
Feine Tapas und elaborierte Hauptgerichte → S. 63

★ **Casa Mingo**
Hühnchen und *sidra* – Asturien in Madrid → S. 63

★ **Almendro 13**
Traditionelle Tapas in traditionellem Viertel → S. 64

D-STAGE (128 B4) *(🕮 G3)*
Zwischen Metallrohren und freigelegten Ziegelsteinen zaubert Küchenchef Diego Guerrero Illusionen und Geschmacksnuancen aus einer anderen Galaxie. Live-Cooking, asturischer Eintopf aus der Zukunft oder eine essbare Gewürzroute sind nur einige Zaubereien, die uns der Küchenmagier beschert. *Sa/So geschl. | Regueros 8 | Tel. 917 02 15 86 | www.dstageconcept.com | Metro 4, 5, 10 Alonso Martínez*

RAMÓN FREIXA MADRID
(128 C3) *(🕮 H2)*
„Unterhaltsam" soll seine Küche im Hotel Único sein, darauf legt der Katalane Ramón Freixa Wert, außerdem innovativ und riskant – manche irritiert so viel Experimentierfreude, die meisten sind begeistert. *So/Mo geschl. | C/ de Claudio Coello 67 | Tel. 917 81 82 62 | www.ramonfreixamadrid.com | Metro 4 Serrano*

LA TASQUITA DE ENFRENTE ★
(123 D1) *(🕮 F4)*
Diese kleine Taverne liegt etwas versteckt in einer sehr volkstümlichen Ecke von Malasaña, hat sich aber die Zuneigung der Madrider Gourmets erworben. Kreative spanische Küche und alles Frische vom Markt. *So geschl. | C/ Ballesta 6 | Tel. 915 32 54 49 | www.latasquitadeenfrente.com | Metro 1, 3, 5 Gran Vía, Callao*

LIEBLINGS(ADR)ESSEN

Gourmetparadies im alten Kino
Über diesen Ort kann man nur in Superlativen reden. Ein ehemaliges Kino hat sich in das Gourmettheater ★ *Platea Madrid* **(128 C4)** ***(🕮 H3)*** *(tgl. | C/ de Goya 5 | www.plateamadrid.com | Metro 4 Colón, Serrano |* **€€€***)* verwandelt – über vier Etagen und rund 6000 m². Es gibt allein ein halbes Dutzend Tapabars, dazu eine Konditorei, eine Cocktailbar – und eine Gelegenheit, Paco Roncero oder Ramón Freixa (sein *Arriba* im ersten Stock hat die schönsten Ausblicke) zu zivilisierten Preisen kennenzulernen.

Wie lautet das Passwort?
Hier gibt es Tapas, kreative mediterrane Küche – und einen ganz besonders geheimnisvollen Ort: Hinter dem Bartresen befindet sich der Speisesaal mit Innenhof. Für das *Escondido* müssen Sie noch ein Stockwerk tiefer gehen. Sie erreichen es durch eine Tür, die mit einem Passwort gesichert ist. Daher denn auch der Name des Lokals, *La Contraseña* **(128 A1)** ***(🕮 F1)*** *(So-Abend geschl. | C/ de Ponzano 6 | Tel. 911 72 63 78 | www.restaurantelacontrasena.com | Metro 7 Alonso Cano |* **€€***)*. Spannend auch für private Feiern und Events!

Strandbarfeeling in der City
Mediterranes Strandflair würde man in Madrid nicht unbedingt erwarten. Im *El Columpio* **(128 B3)** ***(🕮 G2)*** *(tgl. | C/ de Caracas 10 | Tel. 913 78 75 12 | www.elcolumpiomadrid.com | Metro 4, 5, 10 Alonso Martínez |* **€€***)* werden Sie eines Besseren belehrt. Da werden Erinnerungen an Sommerurlaube in der Kindheit wach. Das Thunfischtatar ist eine Wucht und es gibt mehr als 20 Rot- und Weißweinsorten aus ganz Spanien.

Rustikale Eleganz im unprätentiösen Malasaña: La Tasquita de Enfrente

RESTAURANTS €€

LA BIOTIKA (123 E4) *(🗺 F5)*
Madrids ältestes vegetarisches Restaurant, auch makrobiotische und vegane Küche, gemütlich-einfach eingerichtet. Mit Bioladen. *Tgl. | C/ Amor de Dios 3 | Tel. 914290780 | www.labiotika.es | Metro 1 Antón Martín*

BOLÍVAR (127 F3) *(🗺 F2)*
Frische mediterrane Marktküche in einem kleinen Lokal mitten in Malasaña. Probieren Sie die Schweinelende in einer aromatischen Portweinreduktion oder die köstlichen *chipirones* (Tintenfischchen)! *So geschl. | C/ Manuela Malasaña 28 | Tel. 914451274 | www.restaurantebolivar.com | Metro 1, 4 Bilbao*

INSIDER TIPP LA COCINA DE SAN ANTÓN (123 E1) *(🗺 G3)*
Die Markthalle von Chueca ist ein angesagter Schlemmertreffpunkt. Auf der *azotea* – der Dachterrasse – bietet dieses Lokal mediterrane spanische Küche zum Blick in die Gassen des Viertels. Ideal für frisch aufgeschnittenen *Bellota*-Schinken und ein Glas Rotwein. *Tgl. | Mercado de San Antón | C/ Augusto Figueroa 24 | Tel. 913300294 | www.lacocinadesananton.com | Metro 5 Chueca*

CON DOS FOGONES (127 E4) *(🗺 E3)*
Kleines, bunt-gemütliches Restaurant mit unprätentiöser internationaler Küche. Viele junge Leute. *Tgl. | C/ San Bernardino 9 | Tel. 915596326 | www.condosfogones.com | Metro 3, 10 Plaza de España*

GOURMET EXPERIENCE GRAN VÍA (122 C2) *(🗺 E–F4)*
Sie haben Madrid nicht gesehen, wenn Sie nicht mindestens einmal in den 9. Stock des Corte Inglés an der Plaza Callao hinauffahren, um von hier aus den INSIDER TIPP einmaligen Blick über die Gran Vía zu genießen. Kulinarisch versorgen Sie zehn Selbstbedienungstheken mit ansprechender Küche, von traditionell spanisch bis asiatisch. *Tgl. | Plaza de Callao 2 | Metro 3, 5 Callao*

SPEZIALITÄTEN

albóndigas – Hackfleischbällchen
boquerones fritos/en vinagre – frittierte/eingelegte Sardellen
café solo/cortado/con leche – Espresso/mit einem Schuss Milch/Milchkaffee
callos madrileños – Kutteleintopf
caña – kleines Glas Bier
cava – spanischer Sekt
chipirones – kleine Tintenfische
churros – frittierte Teigkringel, besonders beliebt *con chocolate*, mit heißer Schokolade
clara – Bier mit *gaseosa* (Zitronenlimo)
cochinillo – Spanferkel
cocido madrileño – Madrider Eintopf mit *chorizo, garbanzos* (Kichererbsen) und Gemüse
cordero (asado) – (gebratenes) Lamm
croquetas – Fisch-, Fleisch- oder Schinkenkroketten
ensaladilla – Salat aus Kartoffeln, Gemüse und (meistens viel) Mayonnaise (Foto li.)
gambas al ajillo/a la plancha – Garnelen in Knoblauchsauce/auf einer heißen Metallplatte gegrillt
horchata – süßes Erfrischungsgetränk aus Erdmandeln
patatas bravas – Bratkartoffeln mit scharfer Tomatensauce (Foto re.)
pollo – Hähnchen
queso – Käse, meistens *manchego* (aus der Mancha)
tinto de verano – „Sommerrotwein", halb Rotwein, halb *gaseosa* mit viel Eis
tortilla – spanisches Kartoffelomelett

KULTO (129 E6) *(🕮 J4)*
Die Mannschaft beschreibt ihren Küchenstil selber als schwer definierbar. Ein Mix aus Autoren-, Fusion- und klassischer Küche – und getreu nach dem Motto „In cook we trust". Hauptdarsteller sind jedenfalls Meeresfrüchte und Fisch. Direkt vor der Haustür beginnt der Retiropark. *Di, im Sommer auch Fr-Mittag geschl. | C/ de Ibiza 4 | Tel. 9 11 73 30 53 | www.kulto.es*

INSIDER TIPP **MAMA CAMPO**
(128 A2) *(🕮 F2)*
Nicht nur für die Bewohner des Viertels ist das Biorestaurant an der Plaza Olavide ein Lieblingsplatz. Hier kommen nur natürliche Produkte aus nachhaltigem Anbau in die Kochtöpfe – und auch das Design ist ein echter Hingucker. *So-Abend und Mo geschl. | C/ Trafalgar 22 | Tel. 9 14 47 41 38 | www.mamacampo.es | Metro 1 Iglesia*

MATRITUM ★ (122 B4) (🗺 E5)
Ein enges, meistens lärmend volles Restaurant, das trotzdem seine Eleganz bewahrt. Originelle Kleinigkeiten, katalanisch und international inspiriert, und eine lange Weinkarte. *Di-Mittag und Mo geschl. | C/ Cava Alta 17 | Tel. 913 65 82 37 | Metro 5 La Latina*

MERCADO DE LA REINA
(123 E2) (🗺 F4)
Ein Lokal mit mediterraner Marktatmosphäre. Langer Tresen, lange Tische, ein Olivenbaum gleich hinterm Eingang und viel junges, cooles Volk, das das Leben und spanische Küche genießt. *Tgl. | Gran Vía 12 | Tel. 915 21 31 98 | www.mercadodelareina.es | Metro 1, 5 Gran Vía*

RIBEIRA DO MIÑO (126 A4) (🗺 F3)
Populäres galicisches Restaurant, meist brechend voll, berühmt für seine Meeresfrüchte. Bestellen Sie einfach eine *mariscada,* da können Sie von allem etwas probieren – und spüren den Atlantik auf der Zunge. *Mo geschl. | C/ Santa Brígida 1 | Tel. 915 21 98 54 | www.marisqueriaribeiradomino.com | Metro 1, 10 Tribunal*

RESTAURANTS €

BAZAAR (123 E1) (🗺 G4)
Dieses junge, angesagte Restaurant in Chueca ist eingerichtet wie ein cooler Kolonialladen. Auf den Tisch kommt die dazu passende internationale Küche. *Tgl. | C/ de la Libertad 21 | keine Reservierung | www.restaurantbazaar.com | Metro 5 Chueca*

EN BUSCA DEL TIEMPO
(123 D3) (🗺 F5)
Köstliche baskisch-katalanische Landküche, zum Teil direkt vom Grill. Auch beliebt: die gerösteten Brote mit gegrillter Schweinelende oder Pilzen und baskischem Käse. *Tgl. | C/ Barcelona 4 | Tel. 915 21 98 01 | www.restauranteeltiempo.com | Metro 1, 2, 3 Sol*

CASA MINGO ★ (126 C4) (🗺 C3)
Ein Klassiker seit 1888 – dabei gibt es (fast) nichts als Hühnchen und Salat und zum Trinken *sidra.* Bei gutem Wetter reiht sich auf der Straße Tisch an Tisch. *Tgl. | Paseo de la Florida 34 | keine Reservierung | Metro 6, 10 Príncipe Pío*

EL HUERTO DE LUCAS
(128 B4) (🗺 G3)
100 Prozent bio, veggie, glutenfrei: Neben dem Speisesaal samt bepflanztem Innenhof gibt es einen kleinen Markt mit Bioprodukten. *So geschl. | C/ San Lucas 13 | elhuertodelucas.com | Metro 5 Chueca*

LA MUSA LATINA (122 B4) (🗺 E5)
Das coolste Barrestaurant an der Plaza de la Paja, dem schönsten Platz in La Latina.

LOW BUDG€T

Wer mindestens einmal am Tag eine vollständige Mahlzeit zu sich nehmen will, sollte das mit Blick auf den Geldbeutel am besten mittags und nicht abends tun. Viele Restaurants bieten montags bis freitags ein günstiges dreigängiges Mittagsmenü an.

Museo del Jamón (www.museodeljamon.com) ist eine Ladenkette für spanische Schinken. Die Keulen baumeln denn auch zahlreich von der Decke. Am Tresen werden auch einfache *bocadillos* und Tapas zu günstigen Preisen gereicht. Zum Beispiel in der *Carrera de San Jerónimo 6* **(123 D3) (🗺 F4)** *(Metro 1, 2, 3 Sol).*

Kreative internationale Küche, dazu gibts Musik vom DJ. *Tgl. | Costanilla de San Andrés 12 | Tel. 913540255 | www.grupolamusa.com | Metro 5 La Latina*

ALMENDRO 13 ★ (122 B4) (*🕮 E5*)
Ein Klassiker mit rustikaler spanischer Küche. Bestellt wird an der Durchreiche und wenn das Essen fertig ist, erklingt eine

Das traditionelle Madrid: kachelverzierte Tapabars wie das La Chata in der Cava Baja

kleine Glocke. Der Laden ist häufig so rappelvoll, dass sich die Gäste draußen auf die Kühlerhauben der Autos setzen. *Tgl. | C/ Almendro 13 | Metro 5 La Latina*

SHAPLA (132 A2) (*🕮 F6*)
Probieren Sie die scharfe Küche im beliebtesten Inder des *barrios* Lavapiés. Glücklich, wer einen freien Tisch unter den Bäumen erwischt. *Tgl. | C/ Lavapiés 42 | Tel. 915281599 | www.shaplaindianrestaurant.com | Metro 3 Lavapiés*

TAPAS

De tapas durch Madrid zu ziehen, das heißt Ruhe bewahren und sich nicht von den enormen Menschenmengen vor dem Tresen und an den besetzten Tischen abschrecken lassen. Reservieren ist normalerweise nicht möglich – aber keine Sorge: Irgendwann kommt die Reihe auch an Sie. Eine Tapa ist eine kleinere Portion, die allein nicht ganz satt macht. Größere Portionen, die man sich meistens teilt, heißen *raciones.*

INSIDER TIPP BAR AMOR
(127 F3) (*🕮 F2*)
Rustikale Steinwände und Blümchen, sehr gute Tapas an der Bar oder auch im Restaurantbereich. Am Abend ist es schwer, einen Platz zu bekommen. *So/Mo geschl. | C/ de Manuela Malasaña 22 | Metro 1, 4 Bilbao*

AUTOMÁTICO (123 E5) (*🕮 F6*)
Die wohl populärste Tapabar auf der belebtesten Straße in Lavapiés – im Sommer mit Tischen vor der Tür. Der Tapaklassiker *ensaladilla rusa* gilt als der beste Madrids. *Mo–Do mittags geschl. | C/ Argumosa 17 | Metro 3 Lavapiés*

INSIDERTIPP **CALLE DE PONZANO**
(124 B6) (*🕮 F1*)
Die Meile für Tapatouren im Herzen von Chamberí mit angesagten Adressen wie *Lambuzo, Le Qualitè Tasca, Taberna Averías* oder dem Klassiker *Fide.* Cooles Ambiente, viel junges Volk und tolle Lokale en masse. *Metro 7 Alonso Cano*

CAVA BAJA ● (122 B4) (*🕮 E5*)
In der Calle Cava Baja drängen sich die Traditionsrestaurants und Tapabars. In Nummer 30 lädt die *Casa Lucas* zu kreativen Tapas. Gute Alternativen in derselben Straße sind *La Taberna del Tempranillo (Nr. 38), Taberna Txakolina (Nr. 26), Esteban (Nr. 36), La Chata (Nr. 24)* und *La Antoñita (Nr. 14). Metro 5 La Latina*

CERVECERÍA CERVANTES
(123 E3) (*🕮 G5*)
Die traditionelle Tapabar im unteren Teil von Huertas ist sicher nicht die günstigste. Dafür sind der Oktopus auf galicische Art oder die *gambas* einfach köstlich. *So-Abend geschl. | Plaza de Jesús 7 | Metro 1, 2 Banco de España, Antón Martín*

JUANA LA LOCA (122 B4) (*🕮 E5*)
Ein sicherer Hafen jeder Tapatour durch La Latina. Reichliche *pinchos-* (Spießchen-) und Tapaauswahl. *Mo-Mittag geschl. | Plaza Puerta de Moros 4 | Metro 5 La Latina*

CASA LABRA (127 F6) (*🕮 F4*)
Am Eingang versorgt man sich mit den legendären *croquetas* und *Bacalao*-Häppchen, am Tresen bestellt man das Getränk dazu. Stets lange Schlangen vor der Tür! *Tgl. | C/ de Tetuán 12 | www.casalabra.es | Metro 1, 2, 3 Sol*

EL MADROÑO (122 B4) (*🕮 E5*)
Das beste Souvenir aus Madrid bekommt man hier: den echten *Madroño*-Likör aus den Früchten des Erdbeerbaums. Dazu saftiger iberischen Schinken, *pimientos de Padrón* und Manchegokäse. Die Kacheln mit Szenen von Madrider Fiestas sind ein echter Hingucker. *Tgl. | Plaza Puerta Cerrada 7 | Metro 5 La Latina*

LA VENENCIA (132 A1) (*🕮 F5*)
Sherry, so weit das Auge blickt – hier gibts nichts anderes. Dazu passt *mojama,* luftgetrockneter Thunfisch. Trotz Touristenandrang hat das wunderbare Lokal überlebt. Der Staub auf den Flaschen ist ebenso echt wie die verrauchten Wände. Die Bestellungen werden mit Kreide auf dem Holztresen notiert. *Mittags geschl. | C/ Echegaray 7 | Metro 2 Sevilla*

ZUSAMMEN ODER GETRENNT?

Das Essen war gut, der Kaffee hat die Lebensgeister geweckt – Zeit zu zahlen. *¡La cuenta, por favor!* Wer jetzt den Kellner mit der Aufschlüsselung der Rechnung belästigen will – „Ich hatte Menü Nummer drei, Pepito den *bacalao a la vizcaína"* –, der wird einen ziemlich ratlosen Blick ernten. Gezahlt wird in Spanien immer zusammen und jeder trägt den gleichen Anteil dazu bei, unabhängig davon, ob er etwas mehr oder etwas weniger konsumiert hat als sein Sitznachbar. Ist jemand erst später dazugekommen und hat nur etwas getrunken, dann wird er selbstverständlich eingeladen. Und bei kleineren Summen findet sich oft einer, der für die ganze Runde bezahlt. Nachahmenswert!

EINKAUFEN

WOHIN ZUERST?

In die **Calle de Fuencarral (128 A4–5)** *(🗺 F3–4)*, Madrids angesagteste Modestraße mitten in der Altstadt. Und danach gleich in die davon abzweigende **Calle Augusto Figueroa**: Schuhe, so viel das Herz begehrt. Kleinere Boutiquen finden Sie in den schmalen Straßen von **Chueca** und **Malasaña**. Die großen Ketten wie der spanische Klassiker Zara haben sich vorwiegend in der **Gran Vía** niedergelassen. Für das etwas edlere Einkaufsvergnügen sind die **Calle de Serrano** und ihre Seitenstraßen im Barrio Salamanca da.

Ja, Mode und Schuhe sind in Madrid tatsächlich immer noch ein wenig billiger zu haben als in Mittel- und Nordeuropa. Aber es ist kein Problem, sein Geld mit vollen Händen auszugeben – spanische und internationale Designer warten auf Sie mit Metropolenpreisen, Edelboutiquen verkaufen wenig Stoff für viele Euros. Einkaufen ist eine Wonne in Madrid. Wer, um zu sparen, nicht gleich Mode in den legendären Vintageläden in Malasaña suchen will, mag die *rebajas* (Schlussverkäufe) von Januar bis März und im Juli/August ausnutzen. Traditionelle Geschäfte öffnen montags bis freitags zwischen 10 und 14 und dann wieder von 17 bis 20 Uhr sowie am Samstagvormittag. In den großen Einkaufsstraßen verzichten die meisten Geschäfte allerdings auf die

Bild: Agatha Ruiz de la Prada in der Calle de Serrano

Lässig, hip, mondän, cool: feilschen auf dem Flohmarkt und flanieren in der Modemeile Calle de Fuencarral

lange Mittagspause und sind auch samstagnachmittags und sonntags geöffnet – Madrid hat ein sehr liberales Ladenschlussgesetz.

Die Fußgängerzonen *Calle de Preciados* und die Calle Arenal unweit der Puerta del Sol sind zwar gespickt mit Geschäften, bieten allerdings in erster Linie die typischen Modeketten, die man überall in Europa findet. Die Einkaufsmeile *Gran Vía* bietet ein ähnliches Bild, wartet aber mit einigen Besonderheiten auf, z. B. der zweitgrößten Primark-Filiale der Welt, die an alles andere als an ein Wühltischlager erinnert.

Die *barrios* Malasaña und Chueca sind das Herz der jungen Mode. Zwischen den beiden Stadtvierteln verläuft die ★ *Calle de Fuencarral.* Die einst befahrene, düstere Straße wurde für ein paar Jahre zur hippsten Modemeile der Stadt – ein bisschen London in Madrid. Für kreative Modemacher oder Ladenbesitzer, die keinen Konzern im Rücken haben, sind die Mieten in der Calle de Fuencarral allerdings mittlerweile unerschwinglich geworden.

Seit 1855 *die* Anlaufstelle für Madrids Süßmäuler: Casa Mira

Sie sind dafür in die Seitenstraßen nach Malasaña ausgewichen, z. B. in die INSIDER TIPP *Calle Espíritu Santo.* Nordöstlich der Altstadt ist die ★ *Calle de Serrano* im noblen Barrio Salamanca mit ihren breiten Bürgersteigen die erste Anlaufadresse für die betuchteren Einkäufer.

BÜCHER & MEDIEN

LA CENTRAL (122 C2) *(Ⓜ E4)*
Madrids Paradies für Bibliophile: 70 000 Bücher auf 1200 m² über drei Etagen. Mit Caférestaurant und Cocktailbar. *C/ del Postigo de San Martín 8 | www.lacentral.com | Metro 3, 5 Callao*

LA CIUDAD INVISIBLE (122 B2) *(Ⓜ E4)*
Fühlen Sie sich wie zu Hause und gönnen Sie sich ein Frühstück, während Sie in den Büchern schmökern. Oder planen Sie Ihre nächste Reise bei einem Cocktail, indem Sie in den Reisebüchern blättern. *Costanilla de los Ángeles 7 | Metro 2, 5 Ópera*

EL FLAMENCO VIVE ★
(122 B3) *(Ⓜ E4)*
Der spanische Laden mit dem ausführlichsten Angebot an Flamencoplatten, -literatur, -gitarren und -kostümen. Stöbern und bestellen auch im Internet unter *www.elflamencovive.com. C/ Conde de Lemos 7 | Metro 2, 5 Ópera*

LIBRERÍA SAN GINÉS
(122 C2–3) *(Ⓜ E4)*
Längst vergriffene Bücher und alte Schinken warten in dunklen Holzregalen und ausgebreitet auf Tischen unter freiem Himmel auf neue Besitzer. *Pasadizo de San Ginés 2 | Metro 1, 2, 3 Sol*

DELIKATESSEN

CACAO SAMPAKA (128 B4) *(Ⓜ G3)*
Schokifans, aufgepasst! Hier sündigt man und gibt sich Schokoladenträumen hin, indem man sie mitnimmt oder direkt vor Ort und Stelle verputzt. *C/ Orellana 4 | www.cacaosampaka.com | Metro 4, 5, 10 Alonso Martínez*

CASA MIRA (123 E3) *(Ⓜ F4)*
Hier gibt es Marzipan und das typische *turrón,* das spätestens im Dezember auf jeder Madrider Kaffeetafel zu finden ist. Aber auch außerhalb der Weihnachtszeit lockt hier das ganze Spektrum spanischer

Süßigkeiten. *Carrera San Jerónimo 30 | Metro 2 Sevilla*

GONDIAZ (122 A1) *(📖 E4)*
In dem kleinen Laden in der Nähe des Königspalasts hängt der beste Schinken Spaniens, in gedämpftes Licht getaucht, von der Decke. *Plaza Marina Española 7 | www.gondiaz.es | Metro 2 Santo Domingo*

EL HORNO DE SAN ONOFRE
(123 D1) *(📖 F4)*
Konditor Daniel Guerrero ist für den besten *roscón de reyes* der Stadt bekannt, den klassischen spanischen Dreikönigskuchen. Aber nicht nur zur Weihnachtszeit herrscht hier Hochbetrieb zwischen Küchlein und Pralinen! *C/ San Onofre 3 | www.pasteleriasanonofre.com | Metro 1, 5 Gran Vía*

INSIDER TIPP **EL JARDÍN DEL CONVENTO**
(122 B3) *(📖 E5)*
Marmeladen, Honige und süße Kleinigkeiten aus spanischen Klöstern bekommen Sie in diesem kleinen, romantischen Laden bei der Plaza de la Villa. *C/ del Cordón 1 | Metro 2, 5 Ópera*

LAVINIA (129 D3) *(📖 H2)*
Ein Universum der Weine: rund 4500 Positionen spanischer und internationaler Weine, dazu *cavas,* Brandys und Raritäten. Im Gourmetclub kann man ein Häppchen essen und sich dazu eine Flasche zum Ladenpreis öffnen lassen. *C/ de José Ortega y Gasset 16 | www.lavinia.es | Metro 5, 9 Núñez de Balboa*

PATRIMONIO COMUNAL OLIVARERO (128 A4) *(📖 G3)*
Um die 150 Olivenölsorten der besten Qualität *virgen extra* sind in den Regalen aufgereiht wie anderswo Wein. Bestellen kann man auch unter *www.pco.es. C/ de Mejía Lequerica 1 | Metro 4, 5, 10 Alonso Martínez*

INSIDER TIPP **QUESERÍA CONDE DUQUE** (127 E3) *(📖 E2)*
Dicklaibig und einladend liegt hier der wöchentlich frisch angelieferte Käse kleiner spanischer Käsereien. Eine Pracht für Gaumen und Augen! *C/ Conde Duque 15 | queseriacondeduque.com | Metro 2, 4 San Bernardo*

EINKAUFSZENTREN & KAUFHÄUSER

Wenn Sie nicht wissen, wo Sie eine bestimmte Sache bekommen, dann lohnt es sich fast immer, im *Corte Inglés* vorbeizuschauen – Kaufhauskette und eine spanische Institution. Die beiden Innenstadthäuser: (122 C2) *(📖 F4) C/ Preciados 3 | Metro 1, 2, 3 Sol; Plaza de Callao | Metro 3, 5 Callao*

MARCO POLO HIGHLIGHTS

★ **El Flamenco Vive**
Der spanische Flamencohimmel → S. 68

★ **Rastro**
Madrids überbordender Flohmarkt – Pflichtprogramm am Sonntagvormittag → S. 70

★ **Mercado de San Miguel**
Alter, schöner Markt in der Altstadt → S. 71

★ **Calle de Fuencarral**
Die coolste Einkaufsstraße Madrids → S. 67

★ **Calle de Serrano**
Hinter jeder Tür ein Modedesigner → S. 68

Die attraktivsten Einkaufszentren der Stadt sind das *ABC Serrano* **(128 C3)** *(🗺 H2) (C/ de Serrano 61 | Metro 5 Rubén Darío)* mit rund 80 Geschäften und das 🟠 *Centro Comercial Príncipe Pío* **(126 C5)** *(🗺 D4) (Metro 6, 10 Príncipe Pío)* im gleichnamigen Bahnhof unterhalb des Königspalasts mit rund 100 Shops, Restaurants und Kinos.

FLOHMARKT

RASTRO ★ 🔵 **(122 C5)** *(🗺 E5–6)*
Ein tolles Menschengewimmel erfüllt am Sonntagvormittag die Straßen rund um die Plaza Cascorro. Der Besuch des Rastros gehört zur Sonntagsroutine vieler Madrider wie für andere der Kirchgang. An die 80 000 Menschen zwängen sich an den 1300 Ständen vorbei. Wer außergewöhnliche Entdeckungen machen will, sollte schon um 9 Uhr da sein. Ansonsten ist der Rastrobesuch eine gute Ausrede, um sich hinterher bei Wein und Tapas in einer der vielen Bars der Gegend zu treffen. Von der Plaza Cascorro geht es die Ribera de Curtidores hinunter und dann hinein in die Nebenstraßen. Feilschen ist erlaubt. Vorsicht vor Taschendieben! *Metro 1, 5 Tirso de Molina, La Latina, Puerta de Toledo*

KUNSTGALERIEN

LA FÁBRICA **(123 F4)** *(🗺 G5)*
Ausstellungssaal und Kulturzentrum mit Café, Bibliothek und Werkstätten hinterm Caixa-Forum. Schwerpunkt ist die Fotografie. *C/ Alameda 9 | lafabrica.com | Metro 1 Atocha*

LOW BUDG€T

Mögen Sie Schuhe von Camper? In Madrid sind sie deutlich günstiger als in Deutschland. Sie finden sie u. a. hier: *Gran Vía 54* **(122 C1)** *(🗺 E4) Metro 3, 5 Callao; C/ de Fuencarral 42* **(128 A4)** *(🗺 F3) Metro 1, 5 Gran Vía; C/ de Serrano 24* **(128 C4)** *(🗺 H3) Metro 4 Serrano*

Las Rozas Village **(0)** *(🗺 0)* lockt mit gut 100 Markenboutiquen. Eine eigene Busverbindung fährt ab Plaza de España in das Outletzentrum im Norden der Stadt. Weitere Infos unter *www.lasrozasvillage.com/shoppingexpress.*

Im Kulturzentrum *Matadero Madrid* **(132 A6)** *(🗺 F8) (Paseo de la Chopera 14 | Metro 3, 6 Legazpi)* findet an jedem letzten Wochenende des Monats *(Sa 11–19, So 11–17 Uhr)* der größte 🌿 *Erzeugermarkt* Madrids für ökologische Lebensmittel statt. *mercadoproductores.es*

Kunst, Kitsch und Nippes: Der Rastro ist Pflichtprogramm am Sonntagvormittag

GALERÍA JUANA DE AIZPURU

(128 B4) *(🕮 G3)*

Juana de Aizpuru war Initiatorin und erste Direktorin der Madrider Kunstmesse Arco. Bis heute hat ihr Wort in der spanischen Kunstszene Gewicht. In ihrer Galerie zeigt sie zeitgenössische Künstler, die ihr am Herzen liegen. *C/ Barquillo 44 | juanadeaizpuru.es | Metro 5 Chueca*

MARLBOROUGH MADRID

(128 B3) *(🕮 G3)*

Die Kultgalerie aus London und New York darf in Madrid nicht fehlen – die Werke internationaler Künstler sorgen regelmäßig für Schnappatmung bei Fans zeitgenössischer Kunst. *C/ Orfila 5 | www.galeriamarlborough.com | Metro 4 Colón*

MARKTHALLEN

INSIDER TIPP MERCADO SAN ANTÓN

(123 E1) *(🕮 G3)*

Außen modern und innen megacool: große Konkurrenz für den Mercado de San Miguel und weitaus weniger touristisch geprägt. Auf drei Etagen erwarten Sie Delikatessen zum Verkauf, Tapas und die Dachterrasse mit Chilloutsesseln und dem Restaurant *La Cocina de San Antón. Tgl. 10–24 Uhr | C/ Augusto Figueroa 24 | www.mercadosananton.com | Metro 5 Chueca*

MERCADO DE SAN MIGUEL ★

(122 B3) *(🕮 E4–5)*

Erwarten Sie keine nüchterne Markthalle im Einheitslook. Hinter der Eisen-und-Glas-Fassade aus dem Jahr 1916 warten jede Menge Tapas und Getränke auf Sie – ein echter Gourmettempel! Zu den Stoßzeiten schieben sich irre Menschenmengen durch die Halle. INSIDER TIPP Kaufen Sie aber nicht die Fischtütchen mit Calamares für 14 Euro: Um die Ecke in der Calle Ciudad Rodrigo gibt es Calamares-*bocadillos* für 2,90 Euro, damit fahren Sie viel besser! *So–Mi 10–24, Do–Sa 10–2 Uhr | Plaza de San Miguel | www.mercadodesanmiguel.es | Metro 2, 5 Ópera*

MODE, SCHUHE & ACCESSOIRES

INSIDER TIPP **ADHOC FLORES**
(123 E3–4) (*🗺 F5*)
Ein Mix aus Blumenladen und Boutique. Kreativ, verspielt und echt „dufte"! *C/ del León 11 | www.adhocflores.com | Metro 1 Antón Martín*

CALLE AUGUSTO FIGUEROA
(123 E1) (*🗺 F–G3*)
Schuhfans verfallen auf der Calle Augusto Figueroa in Chueca in Schnappatmung: Zwischen der Calle Hortaleza und dem Mercado San Antón reiht sich auf beiden Seiten ein Schuhgeschäft ans andere. *Metro 5 Chueca*

LA IMPORTADORA (128 A–B4) (*🗺 G3*)
Im Herzen von Chueca hat sich dieser Laden mit sevillanischen Wurzeln niedergelassen. Perfekt für Trendsetter von *casual* bis *boho chic. C/ Pelayo 60 | Metro 5 Chueca*

LA INTRUSA (128 A4) (*🗺 F3*)
Be different! Spanische Mode, Accessoires und Kunsthandwerk aus erster Designerhand. *C/ Corredera Alta de San Pablo 33 | laintrusashowroom.com | Metro 1, 10 Tribunal*

SPORTIVO (127 E4) (*🗺 E3*)
Auch Männer wollen gut gekleidet sein! Hier sind sie bestens bedient und finden garantiert die neuesten Trends. *C/ Conde Duque 20 | www.sportivostore.com | Metro 3 Ventura Rodríguez*

INSIDER TIPP **OJALÁ** (123 D3) (*🗺 F5*)
Paloma del Pozo hat sich einen Namen als eine der kreativsten Modedesignerinnen Spaniens gemacht – klassische Schnitte, kostbare Stoffe, gewagte und dennoch elegante Muster. *C/ de las Huertas 5 | www.ojala.es | Metro 1 Antón Martín*

Von CR7 bis Toni Kroos: Die Trikots der „Galaktischen" gibts im Fanshop von Real

EL TEMPLO DE SUSU (127 F4) *(🕮 F3)*
Vintage ist Mode in Malasaña und dieser kleine Laden war der Vorreiter des Trends zu Klamotten aus zweiter Hand. *C/ del Espíritu Santo 1 | Metro 1, 10 Tribunal*

INSIDER TIPP **TRAKABARRAKA**
(127 F4) *(🕮 E3)*
Junge, bunte Mode aus Bilbao, die sich von der Eleganz früherer Jahrzente inspirieren lässt, in einem kleinen Laden in Malasaña. *C/ del Pez 36 | trakabarraka.com | Metro 2 Noviciado*

SOUVENIRS, KUNSTHANDWERK & TYPISCH SPANISCHES

AMOR DE BARRIO (127 F4) *(🕮 F3)*
Eine Hommage an Malasaña: Hier gibt es die tollsten Andenken an das Kultviertel. T-Shirts, Poster, Tassen, Postkarten ... *C/ San Andrés 12 | www.amordebarrio.com | Metro 1, 10 Tribunal*

ANDRÉS GALLARDO (122 C4) *(🕮 F5)*
Ein Künstler aus Murcia hat es in Madrid geschafft, zu einem der größten Schmuckdesigner Spaniens aufzusteigen. Die Trendsetter des Landes kaufen seine bunten Kreationen zuhauf. *C/ Conde de Romanones 5 | andresgallardo.com | Metro 1 Tirso de Molina*

ANTIGUA CASA TALAVERA
(122 B1) *(🕮 E4)*
Wer von spanischen Fliesen träumt, ist hier im Paradies. Typische Kacheln aus den spanischen Zentren der Keramikherstellung Talavera de la Reina und Granada. *C/ Isabel la Católica 2 | Metro 2 Santo Domingo*

JAVIER S. MEDINA (127 F4) *(🕮 F3)*
Eigentlich war er mal Möbeldesigner. Mittlerweile hat Javier sich auf die Bearbeitung von feinerem Material spezialisiert und zaubert aus Bambus, Korbgeflecht oder Naturfasern wahre Kunstwerke. *C/ El Escorial 28 | www.javiersmedina.com | Metro 1, 10 Tribunal*

JOSÉ RAMÍREZ (122 C3) *(🕮 F5)*
Vielleicht kommen Sie ja nach dem Urlaub in die Versuchung, spanische Gitarre spielen zu wollen. Dann gehen Sie am besten dorthin, wo die besten Gitarrenspieler Spaniens ihre Instrumente kaufen. *C/ de la Paz 8 | www.guitarrasramirez.com | Metro 1, 2, 3 Sol*

MADRID AL CUBO (123 D3) *(🕮 F5)*
Keinen Kitsch, sondern originelle Madridandenken gibt es hier. Auch Einheimische kommen gern. *C/ de la Cruz 35 | Metro 1, 2, 3 Sol*

NURIA BLANCO (131 E6) *(🕮 E8)*
Die Designerin kreiert am liebsten Porzellan mit Tiermotiven, die sich untereinander ergänzen. Ganz zart und delikat, von der Schildkröte bis zur Libelle – einfach zauberhaft. *C/ Fernán Caballero 2bis | www.vajillasbynuriablanco.com | Metro 5 Marqués de Vadillo*

TIENDA BERNABÉU (125 D3) *(🕮 O)*
Im Fanshop von Real Madrid an der Ostseite des Stadions findet sich alles, was sich mit dem Clubemblem bedrucken lässt. Einen weiteren Shop gibt es bei der Puerta del Sol *(C/ del Arenal 6)*. *C/ del Padre Damián 4 | Puerta 55 | Metro 10 Santiago Bernabéu*

XOAN VIQUEIRA (123 E1) *(🕮 G3)*
Ein bisschen naiv, ein bisschen gay, zeitgenössische Adams und Evas: Xoan Viqueira verziert vom Teller bis zum T-Shirt vielfältige Produkte mit seinen witzigen Motiven. Sorgt garantiert für gute Laune! *C/ Gravina 22 | www.xoanviqueira.com | Metro 5 Chueca*

AM ABEND

> **WOHIN ZUERST?**
> Beginnen Sie Ihren Abend an der **Plaza de Santa Ana** (Metro 2 Sevilla) mit ihren *terrazas.* Danach können Sie durch **Huertas** mit seinen Tapa- und Musikbars ziehen. Mögen Sie es klassischer, beginnen Sie den Abend mit einem Aperitif auf der **Plaza Mayor** (Metro 1, 2, 3 Sol). Danach spazieren Sie zur **Cava Baja,** wo Sie so viele Tapa- und Weinlokale finden, dass es schade wäre, nur an einem Ort zu bleiben. Junge Madridbesucher fühlen sich in **Malasaña** wohl. Start- und Orientierungspunkt ist die **Plaza San Ildefonso** (Metro 1, 10 Tribunal).

Wann schlafen die eigentlich? Auf der Gran Vía stauen sich die Autos und in der Calle Huertas die Menschen – morgens um drei. Von Donnerstagabend bis Sonntagmorgen ist die Stadt ununterbrochen in Bewegung, auf der Suche nach *marcha.*

Wörtlich übersetzt heißt das Marsch, gemeint ist: nur kein Stillstand. *¿A dónde vamos ahora?* – wohin gehen wir jetzt? – ist die x-mal wiederholte Frage im Lauf der Nacht. Am liebsten verabreden sich die Madrider in großen Gruppen. Sie wollen sich amüsieren, wollen lachen, trinken, rauchen, tanzen. Und wenn es geht auch flirten: *salir para ligar* – ausgehen, um anzubändeln.

Wenn Spanier von Bars reden, meinen sie Tapabars oder Cafés. Bars oder Knei-

Bild: Dachterrasse des Círculo de Bellas Artes

Die Nacht ein Fest: Abends hält es niemanden zu Hause – Madrids Nachtschwärmer brauchen *marcha*

pen im deutschen Sprachsinn werden eher Pubs genannt (was bei den Spaniern wie *paffs* klingt). In vielen Pubs wird auch getanzt. Von einer *discoteca* sprechen die meisten erst, wenns Eintritt kostet. Um der eigenen Sprachverwirrung zu entgehen, hat sich ein Oberbegriff für alle angesagten Läden eingebürgert: *sitio de marcha* – ein Ort, wo was los ist. Nichts leichter, als sich dem Treiben anzuschließen. Wer in der Innenstadt übernachtet, muss nur aus dem Hotel treten und ist schon mitten drin.

Jedes Viertel hat sein abendliches Nervenzentrum: die Plaza de Santa Ana in Huertas, die Calle Argumosa in Lavapiés, die Plaza Humilladero in La Latina, die Plazas Dos de Mayo und San Ildefonso in Malasaña, die Plaza Chueca in Chueca. Die heißen Sommernächte verbringen die Madrider am liebsten auf der Straße in den *terrazas* genannten Freiluftbars. Sie feiern das Leben, sie genießen, dass es ihnen gut geht – von der Müdigkeit einmal abgesehen. In Wirklichkeit brauchen nämlich auch die Madrider Schlaf.

BARS, PUBS & TERRAZAS

TABERNA ANGOSTA (122 A4) *(🗺 E5)*
Eine der angesagtesten Freiluftbars von La Latina. Zu Wein und Cocktails gibt es hausgemachte Tapas. Auch innen mit kurioser Deko und temporären Ausstellungen bemerkenswert. *Do 19–23.30, Fr 19–2.30, Sa 13–2.30, So 13–23 Uhr | C/ Mancebos 6 | Metro 5 La Latina*

Süß, heiß, fettig: *chocolate con churros*, Nachtschwärmers Rettung

CHOCOLATERÍA SAN GINÉS ★ ●
(122 C3) *(🗺 E4)*
Ein nächtliches Ritual: erst tanzen gehen und dann am frühen Morgen hier mit *chocolate con churros* den Magen stimulieren. 1894 gegründet. *Tgl. 0–24 Uhr | Pasadizo San Ginés 5 | Metro 1, 2, 3 Sol*

COCK (123 E2) *(🗺 F4)*
Mit etwas Glück trifft man hier legendäre Filmemacher wie Pedro Almodóvar und Co. Eine der besten und kultigsten Cocktailbars der Stadt. *Tgl. 16–3 Uhr | C/ Reina 16 | Metro 1, 5 Gran Vía*

COCONUT BAR (122 C1) *(🗺 F3)*
Bardame Silvia Superstar ist eine der Macherinnen des Madrider Nachtlebens. In ihrer Retro-Cocktailbar läuft Soul, Surf, Rhythm & Blues. *Tgl. 18–2 Uhr | C/ San Roque 14 | Metro 3, 5 Callao*

INSIDER TIPP **DELIC** (122 A–B4) *(🗺 E5)*
Tagsüber gibts die besten Torten, nachts die mitunter besten Cocktails der Stadt: authentische Mojitos und Sangria mit frischen Früchten. Ein Muss! *Di–Do und So 11–2, Fr/Sa 11–2.30 Uhr | Plaza de la Paja | Metro 5 La Latina*

JOSEALFREDO (122 C1) *(🗺 E4)*
Cocktailbar, deren düsterer Charme sich nicht gleich jedem auftut – aber wahrscheinlich genau deswegen ist sie ab Mitternacht gerammelt voll. *Tgl. 19–3 Uhr | C/ de Silva 22 | josealfredobar.com | Metro 3, 5 Callao*

LARIOS CAFÉ (122 B1) *(🗺 E4)*
Die Leute – und das Ambiente – sind mindestens so cool wie in New York. Im Untergeschoss tanzen sie. Für den späten Hunger wird im Restaurantbereich (€€) INSIDER TIPP bis 1.30 Uhr serviert. *Mi 21–4, Do 21–5, Fr/Sa 21–6 Uhr | C/ de Silva 4 | www.larioscafe.com | Metro 2 Santo Domingo*

MUSEO CHICOTE (123 E2) *(🗺 F4)*
Das Chicote ist die berühmteste Cocktailbar Madrids. Ihr Gründer Pedro Chicote kam 1931 als Barmann vom Ritz und war stolz auf seine Sammlung von 10 000 Flaschen – daher der Name „Museo".

Heute gibt es hier immer noch Cocktails, Musik vom DJ und am Wochenende Brunch. *Mo–Do 19–3, Fr/Sa 19–3.30, So 16–24 Uhr | Gran Vía 12 | www.museo-chicote.com | Metro 1, 5 Gran Vía*

EL PAJAR DE MANOLITA
(128 A2) *(🗺 F2)*
Man fühlt sich sofort wie zu Hause. Pilar und Juan sorgen für authentisches Family-Ambiente. Oft sind viele verschiedene Nationalitäten vor Ort. Ideal für den Auftakt ins Wochenende. *Di–Sa 12–2, So 12–17 Uhr | C/ Juan de Austria 24 | Metro 1 Iglesia*

INSIDER TIPP THE PASSENGER
(127 F4) *(🗺 F3)*
Ein Zugabteil? Yep, wir sind hier im Luxusrestaurant einer Eisenbahn aus dem 20. Jh. Cafés und Snacks gibt es hier zu Soul- und Jazzrhythmen. Der darunter gelegene Keller verwandelt sich nachts in einen angesagten Houseclub. *Mo–Do 20–3, Fr–So 16–3.30 Uhr | C/ del Pez 16 | Metro 3, 5 Callao*

EL PERRO DE LA PARTE DE ATRÁS DEL COCHE (122 C1) *(🗺 F3)*
Im Keller versteckter Indietempel in Malasaña mit Minibühne. Der kuriose Name geht auf die Wackelhunde zurück, die man auf der hinteren Ablage des Autos befestigt. *Do–Sa 22–3.30 Uhr | C/ de la Puebla 15 | Metro 3, 5 Callao*

TONI 2 (123 F1) *(🗺 G3)*
Pianobar und seit jeher Ort der Madrider Bohemiens. Mittlerweile auch als After-Hours-Club angesagt. *Tgl. 23.30–6 Uhr | C/ del Almirante 9 | Metro 5 Chueca*

EL VIAJERO (122 B4) *(🗺 E5)*
Auf drei Stockwerken pures Kneipenvergnügen und die angesagteste Dachterrasse von La Latina. *Mi/Do 11.30–1.30, Fr 11.30–2, Sa 11–2, So 11–0.30 Uhr | Plaza de la Cebada 11 | Metro 5 La Latina*

CLUBS

BUT (128 A4) *(🗺 F3)*
Das ehemalige Pachá ist heute freitags und samstags Tempel des Indiepop (dann nennt es sich *Ocho y Medio Club*), während es sonntags und mittwochs zum Salontanz einlädt. *Mi 10.30–16, Fr/Sa 23.30–5.30, So 18.30–24 Uhr | Eintritt 15 Euro | C/ Barceló 11 | www.butmadrid.com | Metro 1, 10 Tribunal*

INSIDER TIPP INDEPENDANCE CLUB
(122 C1–2) *(🗺 E–F4)*
Die Betonung liegt auf „Dance": Die Mottopartys in diesem Club gehören zu den angesagtesten der Stadt. 80er, 90er, Rock oder Metal, egal – Hauptsache, fei-

MARCO POLO HIGHLIGHTS

★ **Chocolatería San Ginés**
Ein Madrider Ritual: die Stärkung mit *churros* und *chocolate* nach einer durchtanzten Nacht → S. 76

★ **Casa Patas**
Madrids renommierteste Flamencobühne → S. 79

★ **Círculo de Bellas Artes**
Beste Aussicht auf ganz Madrid, Chillterrasse und jede Menge Kultur → S. 81

★ **Matadero Madrid**
Kultur im alten Schlachthof → S. 81

★ **Café Central**
Jeden Abend Jazz vom Feinsten → S. 81

ern bis zum Morgengrauen. *Fr/Sa 23–6 Uhr | Eintritt frei/ab 5 Euro | Plaza del Callao 4 | independanceclub.com | Metro 3, 5 Callao*

EL SOL (123 D2) (*🕮 F4*)
Madrids berühmteste Rockdiskothek und -bühne, Überlebende der *movida* der Achtzigerjahre. *Di–Sa 24–5.30, Konzerte 22 Uhr | Eintritt 12 Euro | C/ Jardines 3 | www.elsolmad.com | Metro 1, 5 Gran Vía*

Ein Madrider Discoklassiker mitten im Zentrum ist das Joy Eslava

JOY ESLAVA (122 C2) (*🕮 F4*)
Ein Klassiker in Madrids Nightlife. Die Schönen der Nacht (und die, die es gerne wären) tanzen im alten Theater Eslava zu frenetischen Rhythmen. *So–Do 24–5.30, Fr/Sa 24–6 Uhr | Eintritt ab 16 Euro (online) | C/ de Arenal 11 | www.joy-eslava.com | Metro 1, 2, 3 Sol*

MEDIAS PURI (122 C4) (*🕮 F5*)
Halb Club, halb Cabaret, auf jeden Fall in aller Munde. Wer hier nicht tanzt, hat selbst Schuld. Techno, R & B, Achtziger- und Indierock. *Di–Sa 18–6 Uhr | Eintritt 18 Euro | Plaza Tirso de Molina 1 | mediaspuri.com | Metro 1 Tirso de Molina*

TROPICAL HOUSE (122 C1) (*🕮 E4*)
Eine der größten Salsadiscos Madrids; vorwiegend lateinamerikanisches Publikum. *Fr/Sa 24–6, So 22–2 Uhr | Eintritt 8 Euro | Plaza de los Mostenses 11 | www.newtropical.es | Metro 3, 10 Plaza de España*

FLAMENCO

Eine gute Übersicht über das aktuelle Flamencoprogramm finden Sie auf *www.deflamenco.com* (Stichwort „Agenda“).

LAS CARBONERAS (122 B3) *(🕮 E5)*
In diesem *tablao* wird die Tradition der *cafés de cantantes* weitergelebt. Mit diesen „Gesangscafés" wurde der Flamenco im späten 19. Jh. populär. Das moderne Interieur setzt sich von den üblichen *tablaos* ab. *Essen/Vorstellung Mo–Do 19.30/20.30 und 22/22.30, Fr/Sa 19.30/20.30 und 22/23, So 19.30/20.30 Uhr | Menü und Show ab 70,50 Euro | Plazuela del Conde de Miranda 1 | Tel. 915428677 | www.tablaolascarboneras.com | Metro 2, 5 Ópera*

CASA PATAS ★ ● **(123 D4)** *(🕮 F5)*
Populäres Restaurant, in dessen Hinterzimmer purer Flamenco live gegeben wird. Immer noch *das* Madrider Flamencolokal. Karten kosten um 35 Euro und sollten zwei Tage im Voraus reserviert werden. *Programm Mo–Do 22.30, Fr/Sa 20 und 22.30 Uhr | C/ Cañizares 10 | Tel. 913690496 | www.casapatas.com | Metro 1 Antón Martín*

CORRAL DE LA MORERÍA (122 A4) *(🕮 D5)*
Madrids ältestester *tablao* (seit 1956); reservieren! *Aufführung um 20.30 und 22.20, mit Essen ab 19/21.55 Uhr | Eintritt ab 40 Euro | C/ Morería 17 | Tel. 913651137 | www.corraldelamoreria.com | Metro 5 La Latina*

INSIDER TIPP **LAS TABLAS** ● **(122 A1)** *(🕮 D3)*
Die von zwei jungen Flamencotänzerinnen gegründete Bühne ist weniger folkloristisch als die alteingesessenen *tablaos*. *Aufführung tgl. 20 und 22 Uhr | Eintritt ab 27 Euro | Plaza de España 9 | Tel. 915420520 | www.lastablasmadrid.com | Metro 3, 10 Plaza de España*

TORRES BERMEJAS (122 C2) *(🕮 F4)*
In diesem *tablao* hatte der große Camerón de la Isla seinen ersten Auftritt (und blieb dem Laden zwölf Jahre lang treu). Die „Kathedrale des Flamenco" nannte er die Bühne. *Programm tgl. 21.10 und 22.50 Uhr | Eintritt 39 Euro, mit Menü 72 Euro | C/ de Mesonero Romanos 11 | torresbermejas.com | Metro 3, 5 Callao*

KINO

Madrid ist eine Kinostadt. An einem einzigen Abend haben Sie die Wahl zwi-

EINFACH MAL AUSZEITEN

Wellnesstempel haben relativ spät Einzug in Madrid gehalten. Mittlerweile erfreuen sie sich auch hier großer Beliebtheit. Mitteleuropäer sollten sich allerdings darauf einstellen, dass Nackedeis in einem spanischen Spa unerwünscht sind. Also bitte auf jeden Fall den Bikini oder die Badehose einpacken! ● Das arabische Bad *Hammam Al Andalus* **(122 C3)** *(🕮 F5) (Einlass alle 2 Std. tgl. 10–24 Uhr nur mit Reservierung | Bad mit Massage ab 43 Euro | C/ de Atocha 14 | Tel. 914299020 | www.medinamayrit.com | Metro 1, 2, 3 Sol, Tirso de Molina)* lädt zu einer Zeitreise in die maurische Epoche Spaniens ein. Im Heißwasserbecken unter steinernen Bögen, in warmen Orangetönen bemalt, lassen sich Lärm und schlechte Luft für anderthalb Stunden vergessen. Die Entspannung ist komplett, wenn Sie sich am Beckenrand 15 Minuten professionell massieren lassen.

Eine sichere Adresse für Freunde (nicht nur) des Jazz ist das Café Central

schen etwa 70 Filmen. Das komplette Programm finden Sie unter *www.guiadelocio.com/madrid/cine,* der Eintritt kostet etwa 9 Euro. Üblicherweise laufen Filme in spanisch synchronisierter Fassung, doch bietet Madrid auch ein großes Angebot an Kinos, die sich aufs Original mit Untertiteln *(v. o. s.)* spezialisiert haben.

CINE CAPITOL ● (122 C1) *(🕮 E4)*
Die große Zeit der Gran Vía mit ihren Kinos, hier lebt sie noch. Saal 1 mit seinen 1350 Sitzen ist ein Opernhaus des Films. *Gran Vía 41 | Metro 3, 5 Callao*

PLAZA DE LOS CUBOS (127 E4) *(🕮 E3)*
Der Name hat sich für einen kleinen Platz in der Nähe der Plaza de España eingebürgert. Dort bieten drei Kinos mit insgesamt 20 Sälen internationale Filme mit spanischen Untertiteln. Direkt am Platz das *Princesa,* von dort führt ein Durchgang zur Calle Martín de los Heros mit dem *Golem* (Nr. 14) und dem *Renoir Plaza España* (Nr. 12). Vor den Kinos sind ins Straßenpflaster nach dem Vorbild des Hollywood Walk of Fame die Namen spanischer Filmstars eingelassen. Gegenüber hat sich die Buchhandlung (mit gemütlichem Café) INSIDER TIPP *Ocho y Medio* auf Filmliteratur spezialisiert. *Metro 3, 10 Plaza de España*

KULTURZENTREN

LA CASA ENCENDIDA (123 D6) *(🕮 F6)*
Vor 100 Jahren als modernistisches Bankgebäude errichtet, sieht das Kulturzentrum eher aus wie eine Fabrik – mit Aus-

stellungen, Kino, Theater, Lesungen und Konzerten. *Di–So 10–22 Uhr | Ronda de Valencia 2 | www.lacasaencendida.es | Metro 3 Embajadores*

CÍRCULO DE BELLAS ARTES ★ ●

(123 E2) *(🕮 G4)*

Bis in die 1950er-Jahre hinein herrschte eine Art Frauenverbot im „Kreis der schönen Künste". Wie gut, dass sich die Zeiten geändert haben! Heutzutage ist vor allem die Dachterrasse mit ihren Chillplätzen und dem atemraubenden Ausblick auf Madrid so begehrt, dass sich oft eine meterlange Schlange vor dem Kulturzentrum bildet. Auch das legendäre Caférestaurant im Erdgeschoss ist Kult. *Di–So 11–14 und 17–21, Café tgl. 9–1, azotea Mo–Fr 9–22, Sa/So 11–22 Uhr | azotea 4 Euro | C/ de Alcalá 42 | www.circulobellasartes.com | Metro 2 Banco de España*

MATADERO MADRID ★ ●

(132 A6) *(🕮 F8)*

Der ehemalige Schlachthof von 1924 ist seit 2007 ein großartiges Kulturzentrum, eines der einflussreichsten Spaniens, betrieben von der Madrider Stadtverwaltung. Die Gebäude strahlen noch immer den industriellen Charme des frühen 20. Jhs. aus. In den alten Hallen ist heute Platz für Theater- und Konzertbühnen, für Ausstellungen und Kino. Gleich neben der *Cineteca* bietet die *Cantina (Di–So 12–1 Uhr | €)* leckere ökologische Kost. Die Veranstaltungen des Matadero gehören zum Spannendsten, was Madrid in Sachen Kultur zu bieten hat. *Tgl. 9–22 Uhr | Paseo de la Chopera 14 | www.mataderomadrid.org | Metro 3, 6 Legazpi*

INSIDER TIPP TABACALERA

(132 A3) *(🕮 F6)*

Genauso bunt und vielfältig wie das Multikultiviertel Lavapiés ist die Tabacalera, Madrids alte Tabakfabrik. Heute Lust auf eine Kunstausstellung – oder doch lieber die Wrestlingkämpfer im Nachbarsaal beim Fight anfeuern? *C/ Embajadores 53 | latabacalera.net | Metro 3 Embajadores*

LIVEMUSIK

CAFÉ CENTRAL ★ (123 D3) *(🕮 F5)*

Madrids Tempel des Jazz und Blues mit relaxtem Café-Ambiente. *Der* Anlaufpunkt für alle, die spontan ein Livekonzert erleben wollen. *Tgl 12.30–2.30 Uhr | Eintritt 10–20 Euro | Plaza del Ángel 10 | www.cafecentralmadrid.com | Metro 1, 2, 3 Sol*

CLAMORES (128 A3) *(🕮 F2)*

Mit Jazz fing alles an, heute gibts nach den Konzerten fetzige Mottonächte. *Mo–Do 19–5.30, Fr–So 19–6 Uhr | Eintritt 5–20 Euro | C/ Alburquerque 14 | www.salaclamores.com | Metro 1, 4 Bilbao*

LOW BUDG€T

Kino für 2,50 Euro?! Das gibt es im *Cine Doré* **(123 E4)** ***(🕮 F5)*** *(Mo geschl. | C/ de Santa Isabel 3 | Metro 1 Antón Martín)*, dem Haus der staatlichen spanischen Filmothek.

Liverock umsonst gibts sechs Mal die Woche um 0.30 Uhr im *Honkytonk* **(128 A3)** ***(🕮 G2)*** *(Mo–Sa 21.30–5 Uhr | C/ Covarrubias 24 | clubhonky.com | Metro 4, 5, 10 Alonso Martínez)*.

Unter *madridfree.com* finden Sie Ausstellungen, Konzerte, Kino- und Theatervorstellungen, die Sie keinen Eintritt kosten.

INSIDER TIPP **EL JUNCO**
(128 B4) *(🕮 G3)*
Ein etwas versteckt gelegener Jazzkeller, der sofort sein Publikum erobert hat. Nach den Konzerten DJ-Musik bis in den frühen Morgen. *Di–So 23–6 Uhr | Eintritt 9 Euro | Plaza Santa Bárbara 10 | www.eljunco.com | Metro 4, 5, 10 Alonso Martínez*

LIBERTAD 8 (123 E1) *(🕮 G4)*
1976 – wenige Monate nach Diktator Francos Tod – eröffnet, ist der Name „Freiheit 8" nicht nur Straße und Hausnummer, sondern auch Programm. Ein Ort für Liedermacher und populäre Musik der leiseren Art. *Mo–Do 18–2.30, Fr/Sa 18–3, So 18–1.30 Uhr | Eintritt um 8 Euro | C/ Libertad 8 | www.libertad8cafe.es | Metro 5 Chueca*

SALA CARACOL (132 A3) *(🕮 F6)*
Weniger massentaugliche Gruppen spielen im Caracol, wo es immerhin Platz für 500 Leute gibt. *Geöffnet und Eintritt je nach Programm | C/ Bernardino Obregón 18 | www.salacaracol.com | Metro 3 Embajadores*

Königliches Ambiente vom Parkett bis in den Oberrang: Madrids Opernhaus Teatro Real

OPER, BALLETT & KLASSISCHE MUSIK

AUDITORIO NACIONAL DE MÚSICA
(125 F4) *(🕮 O)*
Der Konzertsaal von 1988 ist Sitz des spanischen Nationalorchesters – Madrids

erste Adresse für klassische Musik. *C/ del Príncipe de Vergara 146 | www.auditorio nacional.mcu.es | Metro 9 Cruz del Rayo*

COMPAÑÍA NACIONAL DE DANZA
Spaniens Nationalballett hat einen Weltstar hervorgebracht: den Choreografen

Nacho Duato (heute Intendant des Staatsballetts Berlin). Die Produktionen seines Nachfolgers José Carlos Martínez sind auf wechselnden Bühnen zu sehen. Programm: *cndanza.mcu.es*

TEATRO REAL (122 B2) *(🕮 E4)*
Meist gibt es Klassik, aber neuerdings heizen auch legendäre Bands, z. B. aus den Achtzigern, Madrids Oper ein. Die Zeiten ändern sich, das Publikum auch. *Plaza de Oriente | www.teatro-real.com | Metro 2, 5 Ópera*

TEATRO DE LA ZARZUELA
(123 E2) *(🕮 G4)*
Die Zarzuela ist eine spanische Form des Musiktheaters, operettenhaft leicht. Dies ist ihr Tempel. *C/ Jovellanos 4 | teatrodela zarzuela.mcu.es | Metro 2 Banco de España*

THEATER & MUSICAL

CENTRO DRAMÁTICO NACIONAL MARÍA GUERRERO (128 B4) *(🕮 G3)*
Madrids erste Theateradresse, am Rand Chuecas. *C/ Tamayo y Baus 4 | cdn.mcu.es | Metro 4, 5 Colón, Chueca*

MUSICALS
In den alten, vornehmen Kinos der Gran Vía haben sich heute etliche Musicaltheater eingerichtet. Programm: *www.esma drid.com/agenda-musicales*

TEATRO ALFIL (127 F4) *(🕮 F3)*
Kleines, unabhängiges Theater in Malasaña, das vor allem die hohe Kunst der Komödie pflegt. *C/ del Pez 10 | teatroalfil.es | Metro 2 Noviciado*

TEATRO NUEVO APOLO
(123 D4) *(🕮 F5)*
Hier gastieren erfolgreiche spanische und ausländische Produktionen aller Sparten: Musical, Komödie, Tanz, Theater. *Plaza Tirso de Molina 1 | www.teatro nuevoapolo.com | Metro 1 Tirso de Molina*

INSIDER TIPP **TEATROS DEL CANAL**
(124 A6) *(🕮 F1)*
Das Theater der Regionalregierung wartet mit einem der spannendsten Programme der Stadt auf: Theater, Ballett, Musik. *C/ Cea Bermúdez 1 | www.teatro scanal.com | Metro 2, 7 Canal*

ÜBERNACHTEN

Noch vor einigen Jahren war Madrid in puncto Hotels ein kleines Desaster. Angestaubte Kitschhotels sind mittlerweile Schnee von gestern. Boutiquehotel heißt das Zauberwort. Extrem beliebt und auf dem Vormarsch sind auch Hotels mit Dachpool, von denen es vor allem im Zentrum immer mehr und mit den unterschiedlichsten Poolsorten gibt.
Die meisten Hotels tragen mindestens drei Sterne und sind entsprechend teuer, wenn sie auch nicht Pariser oder New Yorker Niveau erreichen. Fragen Sie bei der Reservierung immer nach dem Preis, er liegt oft unter den offiziellen Angaben auf der Website – prüfen Sie deshalb auch vermeintliche Sonderangebote von Hotelvermittlern im Internet durch direkte Anfrage im Hotel.

Dabei schlagen die Hotels gleich zwei Fliegen mit einer Klappe: Tagsüber sind die meisten Pools zwar für die Hotelgäste reserviert, aber am Abend öffnen die dazugehörigen Cocktailbars auch für Besucher. Allein schon die Aussicht ist es wert, einen Drink auf so einer Hotelterrasse zu nehmen.

Dementsprechend sind die Hotelpreise nicht gerade billig – aber für eine Weltstadt wie Madrid immer noch völlig okay. Die besten Schnäppchen machen Sie im Internet auf den bekannten Vergleichsportalen, aber Sie sollten die dortigen Preise stets mit denen auf der hoteleigenen Website vergleichen. Eine tolle Alternative sind die *hostales,* die wie Pensionen funktionieren und oft nur ein oder zwei Etagen in einem Altstadthaus ein-

 Bild: Hotel Abalú

Vom coolen Hostel bis zum stylishen Boutiquehotel: In Madrid finden Sie in jeder Preisklasse ein ordentliches Bett

nehmen und sich deshalb nicht Hotel nennen dürfen.

Die *hostales* hatten lange keinen besonders guten Ruf und waren recht spartanisch eingerichtet. Durch den mittlerweile boomenden Tourismus in Madrid haben sich die Bedürfnisse der Gäste geändert und das Angebot im preiswerten Bereich kann sich sehen lassen. Die meisten Pensionen werden inzwischen regelmäßig renoviert, Fernseher, Klimaanlage und Internetzugang sind Standard, auch ein eigenes Bad ist heutzutage üblich. Wer keinen Luxus und nicht mehr als einen ruhigen Platz zum Schlafen sucht, ist in den *hostales* gut aufgehoben und muss dafür selten mehr als 50 bis 70 Euro hinlegen.

HOTELS €€€

INSIDER TIPP **POSADA DEL DRAGÓN**
(122 F4) (*🗺 E5*)

Eine der schönsten Übernachtungsgelegenheiten Madrids in der Tapastraße Cava Baja und mit langer Tradition: Gäs-

Mit Dachterrasse und Pool über der Gran Vía: Vamos-a-la-Playa-Feeling im Emperador

tehaus seit 1868, präsentiert es sich neuerdings als geschmackvoll renoviertes, ziemlich buntes Hotel, das den Geist der Vergangenheit atmet. *27 Zi. | C/ Cava Baja 14 | Tel. 9 11 19 14 24 | www.posadadeldragon.com | Metro 5 La Latina*

HOTEL EMPERADOR (122 B1) *(🕮 E4)*
Madrid hat keinen Strand, na und? Der Beach Club im Hotel Emperador hat den größten Dachpool der Stadt und lässt großzügig darüber hinwegsehen, dass die meisten Zimmer eher altbacken daherkommen. *232 Zi. | Gran Via 53 | Tel. 9 15 47 28 00 | www.emperadorhotel.com | Metro 2 Santo Domingo*

HOTEL INDIGO MADRID ★
(122 B–C1) *(🕮 E4)*
Erst einmal ein paar Bahnen im Infinity Pool ziehen oder doch gleich zum Drink greifen? Im 12. Stock in der Sky Lounge des Hotels Indigo thronen Sie im Himmel über der Gran Vía und können wunderbar relaxen. *85 Zi. | C/ de Silva 6 | Tel. 9 12 00 85 85 | www.hotelindigo.com | Metro 2 Santo Domingo*

HOTEL DE LAS LETRAS (123 D2) *(🕮 F4)*
Luxuriöses Viersternehotel in der Gran Vía, das auch die Madrider gern besuchen: wegen seiner privilegierten Dachterrasse. Die Wände der eleganten, mit Understatement eingerichteten Zimmer sind mit literarischen Zitaten geschmückt. *109 Zi. | Gran Vía 11 | Tel. 9 15 23 79 80 | www.hoteldelasletras.com | Metro 1, 5 Gran Vía*

ONLY YOU BOUTIQUE (123 E1) *(🕮 G3)*
Frühstücken vor 10 ist doof? Keine Bange, hier ist das Frühstücksbuffet zeitlich

unbegrenzt, ideal für Langschläfer und Nachtschwärmer. Kolonialstil mitten im Trendviertel Chueca aus der Feder von Designergott Lázaro Rosa Violán. *125 Zi. | C/ del Barquillo 21 | Tel. 910 05 22 22 | www.onlyyouhotels.com | Metro 5 Chueca*

ME MADRID REINA VICTORIA
(123 D3) *(🕮 F5)*
Toreros haben hier definitiv nichts mehr zu suchen, stattdessen feiern heute Cristiano Ronaldo und andere Celebrities auf einer der angesagtesten Dachterrassen Madrids Partys, die aus dem angestaubten ehemaligen Stierkämpferhotel an der Plaza de Santa Ana einen der coolsten Spots der Stadt gemacht haben. *192 Zi. | Plaza de Santa Ana 14 | Tel. 912 76 42 47 | www.memadrid.com | Metro 1, 2, 3 Sol*

HOTELS €€

CENTRAL PALACE MADRID
(122 B2) *(🕮 E4)*
Kleines, aber großzügiges, beinahe luxuriöses *hostal* im 3. Stock an der Plaza de Oriente – einige Zimmer mit Blick auf den Königspalast. *6 Zi. | Plaza de Oriente 2 | Tel. 915 48 20 18 | centralpalacemadrid.com | Metro 2, 5 Ópera*

INSIDER TIPP **MAIN STREET MADRID**
(122 C1) *(🕮 E4)*
Im 5. Stock eines der Prachtbauten der Gran Vía liegt dieses moderne, mit minimalistischer Eleganz eingerichtete *hostal.* Die Zimmer sind nicht groß, strahlen aber einen Hauch von Luxus aus. Sehr gutes Preis-Leistungs-Verhältnis. *9 Zi. | Gran Vía 50 | Tel. 915 48 18 78 | mainstreetmadrid.com | Metro 3, 5 Callao*

ONE SHOT PRADO 23 (123 E3) *(🕮 F5)*
Ein durchgestyltes, modernes Hotel mitten in Huertas, mit allem Komfort und überraschenden Designeinfällen. *42 Zi. | C/ del Prado 23 | Tel. 914 20 40 01 | www.hoteloneshotprado23.com | Metro 1 Antón Martín*

PRAKTIK METROPOL (128 A5) *(🕮 F4)*
Helle, restaurierte Zimmer in frischem Design, gleich um die Ecke von der Gran Vía. Besonders schön (und etwas teurer)

MARCO POLO HIGHLIGHTS

★ **Hotel Indigo Madrid**
Dem Himmel ganz nah in der Sky Lounge am Infinity Pool → S. 86

★ **Room Mate Óscar**
Design, Style und Toplage im Szeneviertel Chueca → S. 88

sind die drei ✲ INSIDERTIPP Zimmer *Gran Vía Corner* mit Panoramablick. *60 Zi. | C/ Montera 47 | Tel. 915 212 935 | www.praktikmetropol.com | Metro 1, 5 Gran Vía*

H10 PUERTA DE ALCALÁ ✲

(129 D5) *(🕮 J3)*

Ein Sprung ins stylishe Planschbecken, ein Cocktail und ein grandioser Panoramablick auf Madrid und den Retiropark ... läuft! Die Dachterrasse heißt nicht umsonst „Himmel von Alcalá" und ist ein Highlight der Madrider Hotelszene. *138 Zi. | C/ de Alcalá 66 | Tel. 914 351 060 | www.h10hotels.com | Metro 4 Velázquez*

ROOM MATE ALICIA (123 D3) *(🕮 F5)*

Das hippe Hotel ist in einem spektakulären Industriebau vom Beginn des 20. Jhs. an der Plaza de Santa Ana untergebracht. Sehr angenehm sind die hellen Zimmer. *34 Zi. | C/ del Prado 2 | Tel. 913 896 095 | alicia.room-matehotels.com | Metro 1, 2, 3 Sol*

ROOM MATE ÓSCAR ★

(123 E1) *(🕮 F4)*

„Do you want to sleep with me?" fragt das Hotel in riesigen Lettern an seiner Fassade. Der Slogan kommt in Madrids Schwulenviertel Chueca richtig gut an. Neben stylishen Designerzimmern und

NUR NICHT (VER)SCHLAFEN

Boutiquehotel im Hipsterviertel
Lust, Madrid mit einem Personal Shopper zu entdecken? Diesen und andere exklusive Serviceleistungen wie Segwaytouren oder ein Inroom-Spa in der eigenen Suite gibt es im kleinen, feinen Boutique-*Hotel Abalú* **(121 F4)** ***(🕮 F3)*** *(30 Zi. | C/ del Pez 19 | Tel. 915 214 492 | www.hotelabalu.com | Metro 2 Noviciado |* ***€€****).* Luxus und spektakuläres Design mitten im Hipsterviertel Malasaña.

Mal eben schnell ein Nickerchen ...?
Oder vielleicht doch lieber die ganze Nacht bleiben? Das *Siesta & Go* **(124 C4)** ***(🕮 O)*** *(7 Zi. | C/ Orense 10 | Tel. 911 993 874 | www.siestaandgo.com | Metro 6, 8, 10 Nuevos Ministerios |* ***€****)* soll Müdigkeitsattacken bekämpfen *(ab 4 Euro/30 Min.)*, kann aber auch nächteweise gebucht werden. Es gibt wahlweise Einzelzimmer oder Etagenbetten, bei denen Mückenzelte für etwas Intimität sorgen.

Ein Hotel Ritz muss her!
Das befand König Alfons XIII., nachdem er Paris und London besucht hatte. 1910 wurde sein Traum wahr. Bis heute ist das *Ritz* **(123 F3)** ***(🕮 G4)*** *(167 Zi. | Plaza de la Lealtad 5 | Tel. 917 016 767 | www.ritz.es | Metro 2 Banco de España |* ***€€€****)* eine der liebsten Adressen von Königen, Präsidenten und Rockstars. Die „Normalos" unter uns können das Luxusambiente beim sonntäglichen Brunch schnuppern.

Alles unter einem Hut
Das gibt es im *The Hat* **(122 C3)** ***(🕮 E5)*** *(42 Zi. | C/ Imperial 9 | Tel. 917 728 572 | thehatmadrid.com | Metro 1 Tirso de Molina |* ***€****):* stylishe Designerzimmer, das beste Hostelfrühstück der Stadt, kostenlose Stadtrundgänge, Konzerte und DJ-Sessions für lau und die schönsten Sonnenuntergänge bei einem Glas Wein in der ✲ Top Roof Bar. Mehr geht nicht. Rechtzeitig buchen!

In Wochenendnächten strömt halb Chueca an die Rooftopbar im Room Mate Óscar

originelller Deko punktet die Dachterrasse inklusive Whirlpool. An den Wochenenden stehen die Leute hier nachts Schlange, um einen Cocktail an der Roofbar zu trinken. *74 Zi. | Plaza de Pedro Zerolo 12 | Tel. 917011173 | room-matehotels.com | Metro 5 Chueca*

SIDORME FUENCARRAL 52
(128 A4) *(🗺 F3)*
2015 eröffnetes Hotel mit funktionalem Charme und einer kleinen, eleganten Dachterrasse. Bestens gelegen zwischen Chueca und Malasaña. *44 Zi. | C/ de Fuencarral 52 | Tel. 912787962 | www.sidorme.com | Metro 1, 10 Tribunal*

HOTELS & HOSTALES €

HOSTAL ABRIL (123 D1) *(🗺 F3)*
Liebevoll bunt renoviertes *hostal* im 4. Stock in der Calle de Fuencarral, also mitten in Madrid – und deswegen nicht immer ganz ruhig. *11 Zi. | C/ de Fuencarral 39 | Tel. 915315338 | www.hostalabrilmadrid.com | Metro 1, 5 Gran Vía*

COMERCIAL (122 C3) *(🗺 F5)*
Wunderbar gemütliches *hostal* in idealer Lage direkt neben der Plaza Mayor. Einige Zimmer mit Gemeinschaftsbad. INSIDER TIPP Sehr günstig, auch für Einzelreisende. *11 Zi. | C/ de Esparteros 12 | Tel. 915226630 | www.hostalcomercial.com | Metro 1, 2, 3 Sol*

HOSTAL ESMERALDA (123 D3) *(🗺 F4)*
Ein sympathisches Ehepaar wacht über dieses gut geführte *hostal* am Rand von Huertas, nicht weit von der Puerta del Sol. *19 Zi. | C/ Victoria 1 | Tel. 915210077 | hresmeralda.net | Metro 1, 2, 3 Sol*

FLAT 5 (127 F4) *(🗺 E3)*
In der fünften Etage der Hausnummer 55 der Calle San Bernardo empfängt Sie die-

Hotel Plaza Mayor: Sichern Sie sich die Suite in der Dachetage!

ses moderne, farbenfrohe *hostal* mit netten Details. Günstige Lage für Nachtschwärmer, die Malasaña und Conde Duque erkunden wollen. *9 Zi. | C/ San Bernardo 55 | Tel. 9 11 27 24 00 | flat5 madrid.com | Metro 2 Noviciado*

HOSTAL MAYOR (122 C3) *(▯ F4)*
Familiäres *hostal*, sehr gut in Schuss und unschlagbar günstig 50 m von der Puerta del Sol entfernt gelegen. Hin und wieder dringt in den 3. Stock der Lärm der Nachtschwärmer. *11 Zi. | C/ Mayor 5 | Tel. 9 15 22 61 82 | www.hostalmayormadrid.com | Metro 1, 2, 3 Sol*

HOSTAL MONTALOYA (122 C4) *(▯ F5)*
Zentral gelegen gegenüber dem Teatro Nuevo Apolo, schlicht, aber mit Pfiff eingerichtet, Parkettfußböden. Freundliches Personal. *30 Zi. | Plaza Tirso de Molina 20 | Tel. 9 13 60 03 05 | www.hostalmontaloya.com | Metro 1 Tirso de Molina*

PLAZA MAYOR (122 C3) *(▯ F5)*
Nettes, kleines Hotel nahe der Plaza Mayor. Die Zimmer sind nicht aufregend, aber sauber und komfortabel. Die Suite mit kleiner Terrasse geht über die gesamte Dachetage. *35 Zi. | C/ de Atocha 2 | Tel. 9 13 60 06 06 | www.h-plazamayor.com | Metro 1, 2, 3 Sol*

INSIDER TIPP **URBAN SEA ATOCHA**
(123 F5) *(▯ G5)*
Schöne Zimmer mit frischem Design und Dachterrasse in perfekter Lage für Kunstmenschen: Die vier großen Museen liegen praktisch vor der Haustür. *36 Zi. | C/ de Atocha 113 | Tel. 9 13 69 28 95 | www.blueseahotels.com | Metro 1 Atocha*

APARTMENTHOTELS

ERIC VÖKEL BOUTIQUE APARTMENTS
(127 F4) *(▯ E3)*
Ein Hauch Nordic Style mit mediterranem Flair. Die großzügig geschnittenen Apart-

ments liegen mitten im Trendviertel Malasaña in einem renovierten Altbau inklusive Dachterrasse zum Sonnen und Relaxen. *17 Apartments | C/ de San Bernardo 61 | Tel. 9 34 33 46 31 | www.ericvokel.com | Metro 2 Noviciado | €€*

INSIDER TIPP **NEW POINT MADRID**
(123 D2) *(🗺 F4)*
Schönes Aparthotel in der Nähe der Gran Vía, modern-familiär eingerichtete Zimmer mit Parkettfußboden – und obendrauf eine kleine, gemütliche Dachterrasse. *24 Apartments | C/ Montera 43 | Tel. 9 10 05 22 06 | www.newpointmadrid.com | Metro 1, 5 Gran Vía | €€*

PRÍNCIPE 11 (123 D3) *(🗺 F5)*
Apartments und komfortable Zimmer mit Einbauküche in einem schönen Altstadthaus mitten im trubeligen Huertas bei der Plaza de Santa Ana. *36 Apartments, Studios und Suiten | C/ del Príncipe 11 | Tel. 9 14 29 44 70 | www.atprincipe11.com | Metro 2 Sevilla | €–€€*

SPLENDOM SUITES GRAN VÍA
(123 D1) *(🗺 F4)*
In einer kleinen Seitenstraße der Calle de Fuencarral liegt dieses luxuriöse Aparthotel, ein Neubau hinter historischer Fassade. Die Zimmer – alle mit Balkon – sind liebevoll und etwas barock gestaltet. *26 Apartments | C/ San Onofre 5 | Tel. 9 15 31 90 68 | www.splendomsuitesmadrid.com | Metro 1, 5 Gran Vía | €€€*

HOSTELS & JUGENDHERBERGEN

SANTA CRUZ DE MARCENADO
(127 F3) *(🗺 E2)*
Von den staatlichen Jugendherbergen Madrids liegt diese in der Nähe des Kulturzentrums Conde Duque am günstigsten. Nur für Individualreisende, Aufenthalt maximal sechs Nächte. Es gibt Zimmer mit vier, sechs und acht Betten. *72 Betten | C/ Santa Cruz de Marcenado 28 | Tel. 9 15 47 45 32 | www.hihostels.com | Metro 3 Argüelles | €*

TOC HOSTEL (122 C2) *(🗺 E–F4)*
Hip, preiswert und sauber: Das superzentral gelegene Hostel ist nur einen Katzensprung von der Puerta del Sol entfernt und besticht mit einem extrem coolen Design. Für die Gäste hat man hier immer ein offenes Ohr, wenn es um Freizeit- und Gastrotipps oder Veranstaltungen geht. In der kultigen Retrobar macht man schnell neue Freunde. *27 Zi. und Suiten | Plaza Celenque 3–5 | Tel. 9 15 32 13 04 | tochostels.com | Metro 1, 2, 3 Sol | €*

LOW BUDG€T

Das wunderschöne *Cat's Hostel* **(123 D4)** ***(🗺 F5)*** *(186 Betten in 19 Schlafsälen und 6 DZ | ab 18 Euro/Person inkl. Frühstück | C/ Cañizares 6 | Tel. 9 13 69 28 07 | catshostel.com | Metro 1 Antón Martín)* residiert in einem Stadtpalast aus dem 18. Jh. nicht weit von der Plaza de Santa Ana. Der maurisch gestaltete Innenhof wäre eines Luxushotels würdig.

In einem typischen Madrider Mehrfamilienhaus aus dem 19. Jh. wohnen Sie günstig – ab 18 Euro pro Person inkl. Frühstück – in der etwas nüchternen *Posada de Huertas* **(123 D4)** ***(🗺 G5)*** *(152 Betten in 22 Schlafsälen und 7 DZ | C/ de las Huertas 21 | Tel. 9 14 29 55 26 | www.posadadehuertas.com | Metro 1 Antón Martín)*.

ERLEBNISTOUREN

1 MADRID PERFEKT IM ÜBERBLICK

START: ① Miranda
ZIEL: ⑫ Chocolatería San Ginés

Strecke:
➡ **10,6 km, davon 8,5 km zu Fuß**

20 Stunden
reine Gehzeit
2 Stunden

KOSTEN: ca. 100 Euro (Essen und Trinken, Taxi, Eintritt ② **Prado** und ⑪ **Joy Eslava**)

ACHTUNG: Eintrittskarten für den ② **Prado** sollten Sie vorab unter *www.entradasprado.com* kaufen. Das kostet zwar 1 Euro mehr als an der Tageskasse, erspart Ihnen aber das Schlangestehen.

Sie sind nur einen Tag in Madrid und wollen das Wichtigste nicht verpassen? Dann nehmen Sie sich diesen Spaziergang vor: Stadtleben, Kunst, ein Parkbesuch, ein Bummel durch die königliche Altstadt und natürlich gut essen und trinken. Und zum Abschluss ein Abstecher ins Nachtleben!

Sie wollen die einzigartigen Facetten dieser Stadt entdecken? Dann los! Noch einfacher wird es mit der Touren-App: Laden Sie sich die Tour über den QR-Code auf Seite 2/3 oder über die Webadresse in der Fußzeile auf Ihr Smartphone – damit Sie auch offline die perfekte Orientierung haben. Bei Änderungen der Tour ist die App auf dem neuesten Stand und weicht ggf. von den Erlebnistouren im Buch ab. In diesem Fall finden Sie in den Events & News (s. S. 2/3) die neueste Tour als PDF.

TOUREN-APP

→ S. 2/3

09:00 Beginnen Sie den Tag mit einem spanischen Frühstück im coolen **1 Miranda** *(tgl. | C/ de las Huertas 29 | Metro 1 Antón Martín)* mitten im Madrider Dichterviertel, dem Barrio de Huertas. Wenn Sie danach **die Fußgängerstraße Huertas hinabgehen**, schauen Sie auf die ins Pflaster eingelassenen Schriftstellerzitate und achten Sie links auf das Convento de las Trinitarias, hinter dessen Mauern Cervantes ruht. **Am Ende der Calle de las Huertas kreuzen Sie den Paseo del Prado und flanieren ihn links hinauf.**

1 Miranda

Bild: Casa de la Villa an der Plaza de la Villa

② Prado

③ Parque del Retiro

10:00 **Nun wenden Sie sich rechts zum Haupteingang des ② Prado → S. 30**, wo weltberühmte Werke von Hieronymus Bosch, Diego de Velázquez, Francisco de Goya, El Greco, Albrecht Dürer und vielen vielen mehr für ein paar Stunden auf Sie warten.

13:00 Nach dem Pradobesuch **gehen Sie die Calle Felipe IV hinab und betreten durch die prächtige Puerta de Felipe IV** Madrids grüne Lunge, den großen **③ Parque del Retiro → S. 36**. Nach einem kurzen Spaziergang landen Sie am **Estanque** – beobachten Sie das Treiben rund um den künstlichen Teich vom Gartencafé an der Plaza de Honduras aus.

14:00 **Sie verlassen den Retiro über die Puerta de la Independencia an der Nordwestecke des Parks, gleich neben der Puerta de Alcalá. Von hier aus gehen Sie die Calle de Alcalá hinab auf die ❹ Plaza de Cibeles** → S. 33 zu, wo Gelegenheit für ein Foto vom Kybele-Brunnen und dem Palacio de Cibeles im Zuckerbäckerstil ist, der heute das Rathaus beherbergt. **Weiter gehts die Calle de Alcalá hinunter, immer das markante Metrópolis-Gebäude im Blick,** das den Eingang zur **❺ Gran Vía** → S. 43 markiert. **Sie schlendern den Großstadtboulevard bis zur Plaza de Callao hinauf,** wo im neunten Stock des Kaufhauses El Corte Inglés die **❻ Gourmet Experience Gran Vía** → S. 61 auf Sie wartet: Essen mit der besten Aussicht Madrids.

17:00 Erleben Sie den Trubel der Einkaufsmeile **Calle Preciados auf dem Weg zur Puerta del Sol,** dem Zentrum Madrids und ganz Spaniens, **biegen Sie dort rechts in die Calle Mayor ein und gehen Sie gleich wieder links durch die Calle Postas zur Plaza Mayor.** Wenn Sie Lust auf eine kleine Pause haben, gedulden Sie sich noch einen Moment: **Laufen Sie weiter die Calle Mayor hinunter, vorbei an der Plaza de la Villa → S. 37, gehen Sie nach rechts in die Calle de Bailén und setzen Sie sich dort in Hausnummer 19 auf die Terrasse des ❼ Anciano Rey de los Vinos** *(Di geschl.),* INSIDER TIPP bekannt für seinen Wermut und den Blick auf die Kathedrale La Almudena.

19:00 Gleich daneben macht sich der klobige Palacio Real breit (den Sie vielleicht ein andermal besuchen), direkt an der Plaza de Oriente, die sich um diese Zeit voller Straßenmusiker und lebender Statuen präsentiert. **Gehen Sie weiter die Calle de Bailén entlang, vorbei an der Plaza de España, und dann links den Hügel hinauf bis zum ❽ Templo de Debod** → S. 45 – hier genießen Sie mit etwas Glück einen wunderbaren Sonnenuntergang.

21:00 Laufen macht hungrig. **Gönnen Sie sich nun ein Taxi zur ❾ Cava Baja** → S. 65, der Madrider Altstadtstraße mit der höchsten Dichte an Tapabars. Machen Sie es wie die Hauptstädter und genießen Sie den Abend bei einem ausgedehnten „Tapa-Hopping", z. B. in der **Taberna Txakolina** *(tgl. | €€)* **in Hausnummer 26**.

23:00 Ein kurzer Spaziergang führt Sie danach ins Herz des Ausgehviertels Huertas, zur **❿ Plaza de San-**

❹ Plaza de Cibeles
❺ Gran Vía
❻ Gourmet Experience Gran Vía
❼ Anciano Rey de los Vinos
❽ Templo de Debod
❾ Cava Baja
❿ Plaza de Santa Ana

ta Ana → S. 28. Die einzige Herausforderung ist, in einem der vielen Straßencafés jetzt einen freien Stuhl zu finden.

⑪ Joy Eslava

02:00 Lust zu tanzen? Halb Madrid ist noch auf den Beinen – machen Sie sich also **über die Puerta del Sol und die Calle de Arenal auf ins** ⑪ Joy Eslava → S. 78, eine der berühmtesten Diskotheken Madrids.

⑫ Chocolatería San Ginés

05:00 **Nur ein paar Schritte entfernt** wartet eine Institution auf Sie: die rund um die Uhr geöffnete ⑫ Chocolatería San Ginés → S. 76. Dort tunkt man *churros,* frittierte Schmalzkringel, in dickflüssige heiße Schokolade – das Ritual zum Ende der Nacht.

2 MADRID RÍO: DIE STADT AM FLUSS

START: ① Puerta del Sol
ZIEL: ① Puerta del Sol

Strecke:
24 km

6 Stunden
reine Fahrzeit rund 2 Stunden

KOSTEN: Fahrradverleih 12 Euro, Essen ca. 40 Euro
MITNEHMEN: Wasser

ACHTUNG: Fahrradverleih → S. 111
Radfahrer sind in der spanischen Hauptstadt nicht mehr ganz so exotisch wie noch vor ein paar Jahren, doch seien Sie vor allem im Stadtverkehr besonders vorsichtig. Und Madrid ist hügeliger, als man denkt – wer sich aufs Fahrrad wagt, sollte halbwegs in Form sein.

Madrid ist nicht nur Stein und Hitze: Diese Tour führt Sie mit dem Fahrrad hinaus ins Grüne zum Stadtpark Madrid Río links und rechts des Flusses Manzanares, in den Stadtwald Casa de Campo – und in die Wildnis im Nordwesten der Stadt.

① Puerta del Sol

Los gehts an der ① Puerta del Sol. Sie fahren die Calle Mayor hinunter, kreuzen die Calle de Bailén und rollen die kurvige, steile Abfahrt im Rücken der Kathedrale hinab. Unten biegen Sie links in die Ronda de Segovia. Fahren Sie auf dem Radweg immer geradeaus in den Paseo de los Melancólicos, auf dem Sie bleiben, auch wenn die Fahrradspur Sie bald nach links in eine andere Straße führen will. Schon bald erreichen Sie den Standort des Estadio Vicente Calderón, des ehemaligen Fußballstadions von

Atlético Madrid, dessen Abriss bei Redaktionsschluss bevorstand. An seiner Stelle wird es einen neuen Stadtpark geben, den **Parque Atlético de Madrid**. **Biegen Sie dann rechts in das Sträßchen San Alejandro ab. An dessen Ende weist ein kleines Schild zum „Salón de Pinos":** Damit sind Sie schon im Uferpark des Manzanares, **2 Madrid Río**.

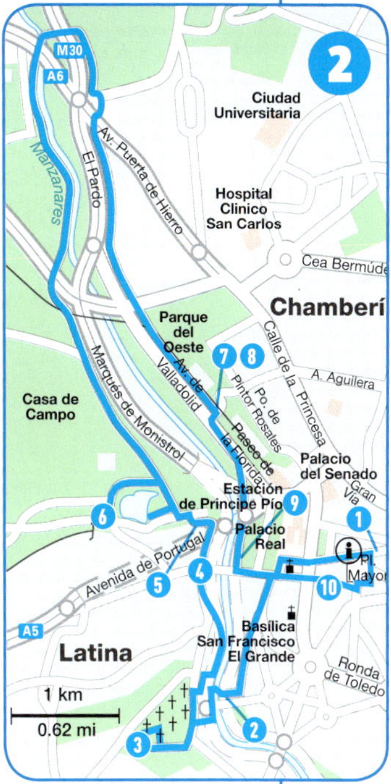

Nun kreuzen Sie den Fluss über den Puente Principado de Andorra und biegen nach links ab: ein kleines Stück den Fluss hinunter, dann nach rechts in die Travesía Iván de Vargas und schließlich nach links in den Paseo de la Ermita del Santo. Nach einigen Metern Strampelei bergauf stehen Sie vor dem Zugang zum Friedhof 3 INSIDER TIPP **Cementerio de San Isidro**. Streifen Sie zu Fuß durch die Reihen aristokratisch-prächtiger Grabanlagen und genießen Sie die Ausblicke bis zu den Bergen der Sierra de Guadarrama.

Kehren Sie (diesmal über die Calle San Ambrosio) zurück zum Fluss und fahren Sie gemütlich auf dem Uferboulevard bis zur prächtigen Renaissancebrücke 4 Puente de Segovia aus dem 16. Jh., wo sich ein schöner Blick über den Fluss auf die Türme der Plaza de España, das Königsschloss und die Kathedrale bietet. **Danach geht es ein kurzes Stück weiter flussaufwärts, bis links das Café del Río auftaucht. Gleich dahinter geht es in die ummauerte 5 Huerta de la Partida**, einen wiederhergestellten Obstgarten aus dem 16. Jh., **den Sie auf dem Hauptweg durchqueren. Am Ende biegen Sie rechts ab und dann gleich wieder links in den ländlichen Paseo del Embarcadero**.

Nach 400 m stoßen Sie auf den Lago Casa de Campo. Fahren Sie zum Westufer des Sees mit seinen vielen Gartenrestaurants und kehren Sie z. B. im **6 Urogallo** *(Mo geschl. | €€)* ein. Am Wochenende ist hier alles überlaufen und Sie müssen Geduld mit den Kellnern haben.

Gestärkt umrunden Sie den See auf der Nordseite, bis Sie auf eine Straße mit breitem Radweg stoßen, den Paseo

2 Madrid Río

3 Cementerio de San Isidro

4 Puente de Segovia

5 Huerta de la Partida

6 Urogallo

Im nicht eben fahrradfreundlichen Madrid sind die Radwege von Madrid Río ein Traum

del Piñonero, in den Sie nach links einbiegen. Im Schatten der Kiefern fahren Sie auf schnurgerader Strecke und folgen am Kreisverkehr dem Radwanderweg, der als „Senda Real GR 124“ ausgeschildert ist. Nach etwa 1 km unterqueren Sie eine Eisenbahnlinie, um gleich danach rechts über eine Radbrücke die Carretera de Castilla zu überqueren.

Der Weg führt Sie ans Ufer des Manzanares, der hier wie ein Dorfbach in seinem natürlichen Bett fließt, umgeben von ein wenig wilder Vegetation. **Nach 2,5 km am Fluss entlang überspannt der Radweg kurz hintereinander zwei Autobahnen und dazwischen noch den Manzanares.**

Am Ende der zweiten Fahrradbrücke biegen Sie rechts ab (Schild Richtung „Ciudad Universitaria“) und mühen sich nun über einen Schotterweg parallel zur Autobahn. Kurz darauf biegen Sie rechts ab auf die Fußgängerbrücke über die nächste Schnellstraße. Folgen Sie dem Weg an der tiermedizinischen Fakultät der Universität vorbei, bis Sie auf eine Zufahrt zum Moncloa-Palast stoßen, dem spanischen Regierungssitz. Trauen Sie sich leicht rechts in einen Weg hinein, der auf den ersten Metern einem trockenen Bachbett ähnelt, Sie aber ordentlich nach Madrid zurückbringt.

Am großen Kreisel, an dem Sie schließlich landen, halten Sie sich leicht links, um die Avenida de Séneca zu kreuzen, und nehmen danach die Straße mit dem Schild „Calle Cortada" (Sackgasse) – hier gehts hinein in den Parque de la Bombilla. **Nach 1 km schnurgerader Strecke stehen Sie vor zwei Kapellen:** Die hintere ist die 7 **Ermita de San Antonio** → S. 53, die Grabstätte Goyas. Gleich nebenan steht die 8 **Casa Mingo** → S. 63, ein Klassiker der Madrider Gastronomie: Alle Welt genießt hier Grillhähnchen und asturische *sidra.*

7 Ermita de San Antonio

8 Casa Mingo

Kreuzen Sie nun den Paseo de la Florida und biegen Sie vor der romantischen Puente de la Reina Victoria links ab in die Calle Aniceto Marinas, die Sie am Fluss entlang zurückführt. Machen Sie links an der 9 **Ermita de la Virgen del Puerto** eine Pause und halten Sie in den Bäumen Ausschau nach den INSIDER TIPP grünen Mönchssittichen, einer südamerikanischen Papageienart, die sich mittlerweile auch in Madrid zu Hause fühlt.

9 Ermita de la Virgen del Puerto

Danach geht es links in die Calle de Segovia – und von hier aus gut 1 km immer bergan. Etwas weiter wartet rechts das 10 **Café del Nuncio** *(Mo–Do ab 17, Fr–So ab 13 Uhr | C/ Segovia 9)* für einen entspannten Drink auf Sie, bevor Sie zurück zur 1 **Puerta del Sol** rollen.

10 Café del Nuncio

1 Puerta del Sol

3 KUNSTHANDWERK UND GARTENKUNST

START: 1 Metrostation Retiro
ZIEL: 12 The Westin Palace

Strecke: 6,5 km

7 Stunden
reine Gehzeit 1½ Stunden

KOSTEN: Bootsfahrt 1,50 Euro, Eintritt 8 **Real Fábrica de Tapices** 4 Euro, Essen ca. 25 Euro, Kaffee und *horchata* ca. 11 Euro

Gleich neben der quirligen Altstadt lädt Madrid zum Entspannen ein: ein Spaziergang durch den Retiropark, den Botanischen Garten und in die königliche Teppichmanufaktur.

1. Metrostation Retiro
2. Estanque
3. Reiterstandbild Alfons' XII.
4. Palacio de Velázquez
5. Palacio de Cristal
6. Rosaleda
7. Fuente del Ángel Caído
8. Real Fábrica de Tapices
9. Bahnhof Atocha

Von der ❶ **Metrostation Retiro** kommen Sie **durch einen Fußgängertunnel unter der Calle de Alcalá** gleich mitten hinein in den **Parque del Retiro** → S. 36, Madrids großen Stadtpark. Gehen Sie zum ❷ **Estanque** → S. 104 – dort haben Sie den Anleger des solarbetriebenen Ausflugsboots vor sich, mit dem Sie eine gemütliche Runde über den rechteckigen Teich ziehen können. Danach gehts **an der Ostseite des Estanque** zum monunentalen ❸ **Reiterstandbild Alfons' XII.** Auf den Stufen ringsum genießen vor allem junge Madrider das Nichtstun – schließen Sie sich Ihnen für eine Weile an.

Weiter südlich kommen Sie zum ❹ **Palacio de Velázquez**, einer Dependance des Museo Reina Sofía, die Ihnen gratis aktuelle Kunst zeigt. Im Gartencafé **gleich nebenan** ist Zeit für eine *horchata*. **Keine 100 m weiter** haben Sie den ❺ **Palacio de Cristal** mit seiner Glaskuppel erreicht, in dem es ebenfalls Kunst umsonst gibt.

Von hier führt Sie der Paseo Julio Romero de Torres weiter zur ❻ **Rosaleda**, dem 100-jährigen Rosengarten des Retiro. **Auf dem Paseo de Uruguay** gehen Sie zum kuriosen Luzifermonument ❼ **Fuente del Ángel Caído**. **Hier biegen Sie links in den Paseo Fernán Núñez ein. Sobald Sie rechter Hand Trimmgeräte sehen, nehmen Sie rechts den Weg bergab. An dessen Ende gehen Sie links – und dann gleich wieder rechts in einen schmaleren Weg, der Sie zu einer Steintreppe hinaus aus dem Park führt.**

Ein kleines Stück die Avenida Menéndez y Pelayo hinab, kommen Sie über die Calle de Gutenberg in die Calle Fuenterrabía: In Hausnummer 2 finden Sie die ❽ INSIDER TIPP **Real Fábrica de Tapices** *(Mo–Fr 10–14 Uhr | C/ Fuenterrabía 2 | www.realfabricadetapices.com)*, die 1721 gegründete königliche Teppichmanufaktur. Hier schauen Sie zu, wie an historischen Webrahmen – z. B. nach Vorlagen von Goya – Gobelins geknüpft werden.

Überqueren Sie die Avenida Ciudad de Barcelona und folgen Sie der Straße nach rechts bis zum ❾ **Bahnhof Atocha** → S. 47. **Am mit „Salidas" (Abfahrten) beschilderten Eingang** kommen Sie direkt in den tropischen Garten, dessen

Atmosphäre Sie bei einem Mittagessen im Restaurant **Samarkanda → S. 47** genießen können.

Am Eingang des Paseo del Prado machen Sie einen Abstecher zur ⑩ Cuesta de Moyano, wo Sie an Buchständen nach Antiquarischem stöbern können. **Bummeln Sie anschließend ein Stück den Paseo del Prado hinauf und besuchen Sie den rechter Hand liegenden ⑪ Real Jardín Botánico → S. 36. Von der Calle Ruiz de Alarcón an der Rückseite des Prado biegen Sie links in die Calle Felipe IV** und trauen sich ins Hotel **⑫ The Westin Palace** *(Plaza de las Cortes 7)*, um drinnen unter der viel fotografierten bunten Glaskuppel einen vornehmen Kaffee zu trinken.

⑩ Cuesta de Moyano

⑪ Real Jardín Botánico

⑫ The Westin Palace

4 TAPAS ZWISCHEN KACHELN

START: ❶ Metrostation Quevedo
ZIEL: ⓬ Café El Mar

Strecke:
5 km

4 Stunden
reine Gehzeit
1½ Stunden

KOSTEN: Essen und Trinken ca. 40 Euro

ACHTUNG: Ausstellungsprogramme der Kulturzentren unter *short.travel/mad6* und *www.condeduquemadrid.es*

Diese Tour führt Sie beinahe unmerklich von Stadtteil zu Stadtteil. Den roten Faden bilden kleine Läden und Lokale, deren Fassaden oder Innenräume liebevoll gekachelt sind.

❶ Metrostation Quevedo
❷ Mercado Vallehermoso
❸ Centro Cultural Galileo
❹ La Zamorana
❺ Quesería Conde Duque
❻ Panic
❼ Conde Duque
❽ Farmacia Juanse

Der Weg beginnt an der ❶ Metrostation Quevedo im vornehmen Chamberí. **Nehmen Sie die Calle Arapiles, dann gleich die erste Straße rechts und sofort wieder links die Calle Fernando El Católico. Rechter Hand stoßen Sie bald auf den ❷ Mercado Vallehermoso**, eine der traditionellen Markthallen Madrids. **Ein paar Schritte weiter** sehen Sie links einen schönen Backsteinbau von 1910: das **❸ Centro Cultural Galileo**, das auch Kunst zeigt. **Gehen Sie die Calle Galileo hinab.** Rechts in der Nummer 21 wirbt das **❹ La Zamorana** *(tgl. | €€)* an seiner Fassade mit vier Männern beim Bier: Ihr erster Halt für eine Tapa.

Am Ende der Calle Galileo biegen Sie links in die Calle Alberto Aguilera ein. Werfen Sie an der nächsten Ecke einen Blick auf die Tankstelle, 1927 im rationalistischen Stil erbaut. **Hier kreuzen Sie die Straße und gehen die Calle Conde Duque hinab.** Schauen Sie in der **❺ Quesería Conde Duque**, einem wunderbaren Käsegeschäft, und gleich nebenan in der Bäckerei **❻ Panic** vorbei. **Die Straße führt Sie zum Kulturzentrum ❼ Conde Duque** *(C/ Conde Duque 11)*. Spazieren Sie durch die enormen Innenhöfe; vielleicht gibt es auch eine interessante Ausstellung.

Nun gehen Sie in die kleine Calle Cristo, im Sommer eine einzige Freiluftbar. **Über die Calles de la Palma, San Bernardo und San Vicente Ferrer kommen sie nach Malasaña.** Schöne Kacheln sehen Sie an der **Bodega Casa do Compañeiro** (Nummer 44), noch schönere an der **Antigua Huevería** und die besten an der **❽ Farmacia Juanse**, einer ehemaligen Apotheke aus dem späten 19. Jh., die heute ein nettes Café beherbergt.

Etwas weiter wartet in der Calle Colón 13 die ⑨ **Bodega La Ardosa** *(tgl. / €€)* mit Bier und andalusischem *salmorejo* zwischen Kacheln auf Sie. **Am Ende der Calle Colón biegen Sie rechts in die** ⑩ **Calle de Fuencarral → S. 67** – ideal zum Schaufensterbummel – **und gelangen über Puerta del Sol und Plaza Mayor zur** ⑪ **Cava Baja → S. 65**, Madrids Tapameile. In Nummer 24 wirbt **La Chata** mit bemalten Kacheln an der Fassade – Ihr nächster Tapastopp.

Ein paar Meter zurück, kommen Sie über Calle San Bruno/Calle Estudios zur Plaza Cascorro und laufen von dort die Calle Embajadores bergab. Bei Nummer 31 schauen Sie einem auf Kacheln gemalten Barbier bei der Arbeit zu – dahinter erwartet Sie zum Abschluss das ⑫ **Café El Mar** *(tgl. / €)*, INSIDER TIPP eines der besten vegetarischen Restaurants Madrids.

⑨ Bodega La Ardosa

⑩ Calle de Fuencarral

⑪ Cava Baja

⑫ Café El Mar

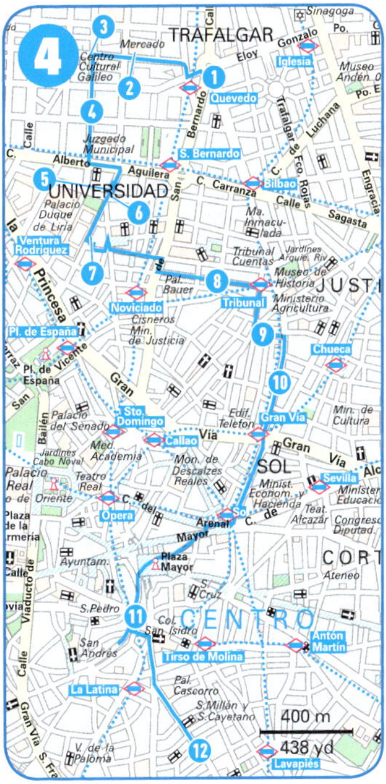

Abends ist hier kein Durchkommen mehr zwischen Tapahoppern: Cava Baja

MIT KINDERN UNTERWEGS

AQUOPOLIS (134 B2) *(🗺 0)*
Eines der größten Spaßbäder Europas, gut 30 km vor den Toren Madrids, mit Wellenbad und spektakulären Rutschen. Man kann's aber auch ruhiger angehen lassen, etwa beim Minigolf. Leider oft ziemlich überlaufen. *Mitte Juni–Anfang Sept. Mo–Fr 12–19, Sa/So 12–20 Uhr | 25,95 Euro, Kinder bis 140 cm 20,95 Euro, Rabatte auf der Website | Villanueva de la Cañada | Av. Dehesa | Anfahrt (45 Min.) mit Bus 627 vom unterirdischen Busbahnhof Moncloa (Metro 3, 6 Moncloa) | villanueva.aquopolis.es*

CHURROS CON CHOCOLATE
Diesen Genuss dürfen Sie Ihren Kindern (und sich selbst!) nicht vorenthalten. Halten Sie Ausschau nach Bars und *cafeterías* mit dem Schild „Hay churros". *Churros* sind dünne Stangen oder zu Spiralen geformte Kringel aus Brandteig, die in Fett ausgebacken und dann in eine Tasse mit dickflüssiger warmer Schokolade getaucht werden. Einfach himmlisch!

ESTANQUE ● (129 D6) *(🗺 H4)*
Über den rechteckigen Teich im Retiro kann man sich im solarbetriebenen Ausflugsboot schippern lassen oder im Ruderboot selbst Hand anlegen. *Ruderboot je nach Saison tgl. 10–17.30/20.30 Uhr, Solarboot Di–So 10–14 und 16 Uhr–Sonnenuntergang | Solarboot 2 Euro, Ruderboot Mo–Fr 6 Euro, Sa/So 8 Euro | Metro 2 Retiro*

FAUNIA (0) *(🗺 0)*
Ein etwas anderer Zoo: Statt Tiergehegen bietet er komplette Lebensräume, vom tropischen Regenwald bis zum polaren Ökosystem. Auf einem fünfstündigen Spaziergang gibts 300 Tierarten zu entdecken. *Stark gestaffelte Zeiten s. Website | 26,45 Euro, Kinder (3–7 Jahre) 19,95 Euro, erhebliche Rabatte auf der Website | Av. Comunidades 28 | faunia.es | Metro 9 Valdebernardo*

MUSEO DE CERA (128 B–C4) *(🗺 G3)*
Im Madrider Wachsfigurenkabinett stehen die Helden der spanischen und internationalen (Pop-)Kultur beisammen: Pablo Picasso, Albert Einstein, König Felipe, George Clooney, Cristiano Ronaldo ... und für die Kleinen Rotkäppchen oder Spiderman. Ähnlichkeit mit den Originalen ist Glückssache. *Mo–Fr 10–14.30 und 16.30–20.30, Sa/So 10–20.30 Uhr | 19 Euro, Kinder (4–12 Jahre) 12 Euro | Paseo de Recoletos 41 | www.museoceramadrid.com | Metro 4 Colón*

Große Stadt für kleine Leute: Stopp dem Museenmarathon – ein paar Tipps für den Madridbesuch mit Kindern

MUSEO DEL FERROCARRIL

(132 B–C 4–5) *(🗺 G7)*

In der mächtigen Halle des 1880 eröffneten Bahnhofs Las Delicias stehen rund 30 alte Dampf- und Dieselloks sowie Waggons. Geschichte haben auch die Spielbahnen und Häuschen im Modellbausaal. *Juni–Sept. tgl. 10–15, Okt.–Mai Mo–Fr 9.30–15, Sa/So 10–19 Uhr | 6 Euro, Kinder (4–12 Jahre) 4 Euro, Sa/So Kinder und Erwachsene je 3 Euro | Paseo Delicias 61 | www.museodelferrocarril.org | Metro 3 Delicias*

PARQUE DE ATRACCIONES CASA DE CAMPO (0) *(🗺 0)*

Der Freizeitpark am Südrand des Stadtwalds Casa de Campo bewahrt noch etwas vom Ambiente der 1960er-Jahre, als er gegründet wurde. Aber natürlich gibts auch die üblichen rasanten Fahrgeschäfte. *Stark gestaffelte Zeiten s. Website | 31,90 Euro, Kinder (100–140 cm) 24,90 Euro, Rabatte auf der Website | parquedeatracciones.es | Metro 10 Batán*

TELEFÉRICO ● (126 C3) *(🗺 C2)*

Die gut zehnminütige Gondelfahrt vom Rand des Parque del Oeste mitten hinein in die Casa de Campo gehört zu den klassischen Madridvergnügungen – mit schönen Ausblicken auf Park und Stadt. *Stark gestaffelte Zeiten s. Website | Hin- und Rückfahrt 5,90 Euro | Paseo del Pintor Rosales/C/ Buen Suceso | teleferico.com | Metro 3, 4, 6 Argüelles*

ZOO AQUARIUM (0) *(🗺 0)*

Der Zoo in der Casa de Campo ist mit 4000 Tieren 500 verschiedener Arten einer der bedeutendsten in Europa. Unter anderem gibt es ein Seelöwengehege, ein tropisches Aquarium mit 35 Becken und ein Aviarium mit 60 Vogelarten und es gibt Delphin-, Seelöwen-, Raubvogel- und Papageienshows sowie einen Streichelzoo. *Stark gestaffelte Zeiten s. Website | 23,30 Euro, Kinder (3–7 Jahre) 18,90 Euro, Rabatte auf der Website | zoomadrid.com | Metro 5, 10 Casa de Campo*

EVENTS, FESTE & MEHR

EVENTS & NEWS → S. 2/3

VERANSTALTUNGEN

5. JANUAR
Cabalgata de Reyes: Karneval im Januar? Nein, die Kinder erleben den Einzug der Heiligen Drei Könige in Madrid.

MITTE FEBRUAR
Internationale Kunstmesse ***Arco*** auf dem Messegelände Ifema. *www.arco.ifema.es*

GRÜNDONNERSTAG/KARFREITAG
Semana-Santa-Prozessionen in der Altstadt erinnern an die Passion Christi.

MAI
2. Mai: Der Feiertag der ***Comunidad de Madrid*** erinnert an die Aufständischen, die sich am 2. Mai 1808 den Truppen Napoleons widersetzten.
8.–15. Mai: Die Stadt feiert ihren Heiligen ● ***San Isidro.*** Stierkämpfe in der Arena Las Ventas, Folklore, Musikbühnen

ENDE MAI/ANFANG JUNI
Feria del Libro de Madrid im Parque del Retiro, ein zweiwöchiger Autogrammmarathon der bedeutendsten spanischsprachigen Schriftsteller. *www.ferialibromadrid.com*

JUNI–AUGUST
Photo-España: Die ganze Stadt verwandelt sich in eine große Fotoausstellung. *www.phe.es*

23./24. JUNI
Noche de San Juan: In der Johannisnacht springen die Madrider übers Feuer, u. a. auf der Plaza Dos de Mayo.

ENDE JUNI
Download Festival: Legendäre und aktuelle Metalbands sorgen drei Tage lang für Headbanging vom Feinsten. *downloadfestival.es*

ENDE JUNI/ANFANG JULI
INSIDER TIPP ***Día del Orgullo Gay:*** einst Schwulendemo, heute das größte Volksfest Madrids, in und um Chueca. *www.madridorgullo.com*

JULI
Frinje Madrid: Festival im Kulturzentrum Matadero mit Lust am kulturellen Risiko. Treffpunkt der Theater-, Tanz-, Zirkusavantgarde. *www.frinjemadrid.com*

MITTE JULI
Mad Cool Festival: drei Tage Rock, Pop und Elektronik mit Platz für 80 000 Leu-

te auf 100 000 Quadratmetern in Valdebebas nahe dem Flughafen. *madcool festival.es*

JULI/AUGUST

Veranos de la Villa: Theater, Musik und Tanz in der ganzen Stadt. Herausragend: INSIDER TIPP Flamenco in den Jardines de Sabatini neben dem Königspalast. *www. veranosdelavilla.com*

ERSTE AUGUSTHÄLFTE

Verbena de la Paloma/San Cayetano/ San Lorenzo: die bodenständigsten Volksfeste rund um die Plaza Cascorro im Rastroviertel und in Lavapiés

SEPTEMBER

Dcode Festival: eintägiges Freiluft-Rockfestival auf dem Gelände der Universidad Complutense. *dcodefest.com*

ENDE OKTOBER–ANFANG JUNI

Festival de Otoño a Primavera: Kulturfestival mit vielen Gastspielen internationaler Bühnen. *www.madrid.org/fo*

NOVEMBER

Madrid en Danza: internationales Tanzfestival auf verschiedenen Bühnen. *www. madrid.org/madridendanza*

DEZEMBER

Weihnachtsmarkt auf der Plaza Mayor
Silvesterfeier auf der Puerta del Sol – ein nationales TV-Ereignis

FEIERTAGE

In manchen Jahren sind auch der 19. März *(San José)*, Fronleichnam, der 25. Juli *(Santiago Apóstol)* und der 9. Sept. *(Santa María de la Cabeza)* Feiertage.

1. Jan.	*Año Nuevo*
6. Jan.	*Reyes Magos*
März/April	Gründonnerstag *(Jueves Santo)* und Karfreitag *(Viernes Santo)*
1. Mai	*Fiesta del Trabajo*
2. Mai	*Día de la Comunidad de Madrid*
15. Mai	*San Isidro*
15. Aug.	*Asunción de la Virgen*
12. Okt.	*Día de la Hispanidad*
1. Nov.	*Todos los Santos*
9. Nov.	*Nuestra Señora de la Almudena*
6. Dez.	*Día de la Constitución*
8. Dez.	*Inmaculada Concepción*
25. Dez.	*Navidad*

LINKS, BLOGS, APPS & CO.

LINKS & BLOGS

www.monumentamadrid.es Im vordigitalen Zeitalter hätte man für diese Sammlung mindestens einen Regalmeter gebraucht. Zu praktisch jedem Haus, das von historischem Interesse ist, gibt es hier Fotos und Texte – Letztere leider nur auf Spanisch

www.spanienlive.com Ständig aktualisierte deutschsprachige Website, die Sie über das Wichtigste aus Spaniens Gesellschaft, Politik und Wirtschaft auf dem Laufenden hält. Außerdem Hintergrundinfos zum Leben in Spanien und Madrid

www.centraldereservas.com Die spanische Alternative zu den internationalen Hotelbuchungsportalen listet (auch auf Deutsch) für Madrid mehr als 300 Hotels auf

www.deflamenco.com Die beste Adresse im Netz für alles rund um den Flamenco, auch auf Englisch

www.marcopolo.de/madrid Ihr Online-Reiseführer mit allen wichtigen Informationen, Highlights und Tipps, interaktivem Routenplaner, spannenden News und Reportagen sowie inspirierenden Fotogalerien

www.30madrid.com Die ultimative Website für alle, die aufs Geld schauen müssen und bei der Unterkunft auf Komfort verzichten können: übernachten für höchstens 30 Euro pro Person

www.blogginmadrid.com In diesem sehr brauchbaren Blog der Stadt Madrid geht es um typische und aktuelle Themen wie Fußball, Sehenswürdigkeiten und Veranstaltungen

www.my-little-madrid.com Die Schwestern Almudena und Marcela de la Peña sind verliebt in ihre Heimatstadt und geben in diesem mindestens wöchentlich aktualisierten englischsprachigen Blog die besten Tipps zum Madrid-Genießen

Egal, ob für Ihre Reisevorbereitung oder vor Ort: Diese Adressen bereichern Ihren Urlaub. Da manche sehr lang sind, führt Sie der short.travel-Code direkt auf die beschriebenen Websites. Falls bei der Eingabe der Codes eine Fehlermeldung erscheint, könnte das an Ihren Einstellungen zum anonymen Surfen liegen

spanishsabores.com Ein Reiseblog für Feinschmecker/ein Feinschmeckerblog für Reisende, die in Madrid gerne gut essen

www.facebook.com/RealMadrid Mehr als 100 Mio. Fans verfolgen hier jede einzelne Bewegung des königlichen Fußballclubs und seiner Stars

twitter.com/el_pais Wissen, was läuft, in der Welt, in Spanien, in Madrid: Für Spanienfans ist der Twitterdienst der Tageszeitung El País genau das Richtige

www.madridfuerdeutsche.com Die Website ist so etwas wie das Schwarze Brett der deutschen Gemeinde in Madrid – mit Reise- und Veranstaltungstipps, Adressbuch, Stellen- und Wohnungsmarkt

VIDEOS & MUSIK

radiocirculo.es Mehrsprachiges lokales Kulturradio vom Madrider Círculo de Bellas Artes

short.travel/mad3 Seit 1963 baut Justo Gallego Martínez im Madrider Vorort Mejorada del Campo mit einfachsten Mitteln an einer Kathedrale. Ohne Plan, ohne Baugenehmigung, nur mit Gottvertrauen. Die Geschichte eines Verrückten oder Heiligen

radiocable.com/lacafetera Jeden Morgen um halb neun interviewt Fernando Berlín in seinem Netzradio die einflussreichsten Persönlichkeiten Spaniens – und ist damit selbst einflussreich geworden

APPS

eltenedor Zeigt Ihnen die besten Restaurants in Ihrer Gegend. Reservieren (teilweise mit Rabatt) funktioniert besser über die Website *www.eltenedor.es*

Guia oficial de Madrid Nützliche Touristenapp des Madrider Fremdenverkehrsamts, auch auf Deutsch, für Android und Apple

moovit Nicht perfekt, aber die beste zurzeit erhältliche App für den öffentlichen Nahverkehr

PRAKTISCHE HINWEISE

ANREISE & ANKUNFT

Züge aus dem Norden laufen im Bahnhof Chamartín ein, Züge aus Barcelona und dem Süden im Bahnhof Atocha. Von hier aus bringt Sie die Metro ans Ziel.

Der Madrider Flughafen *(www.aena.es)* im Stadtteil Barajas, nur etwa 15 km nordöstlich vom Stadtzentrum, ist nach dem früheren spanischen Ministerpräsidenten Adolfo Suárez benannt. Am größten Airport Spaniens und dem sechstgrößten Europas kommen täglich Direktflüge aus vielen deutschen Städten sowie Zürich und Wien an. Suchen Sie die passende Verbindung auf den Websites der Fluggesellschaften Aireuropa, Easyjet, Eurowings, Iberia, Lan, Lufthansa, Norwegian, Ryanair oder Swiss. Oder gehen Sie auf eines der Buchungsportale wie *billigflieger.de, cheaptickets.de, ebookers.ch, expedia.de, lastminute.de, momondo.de, swoodoo.com.* Achten Sie nach der Buchung darauf, an welchem Terminal Sie ankommen (und von welchem Sie wieder abfliegen) – die Terminalgebäude T1, T2, T3 und T4 liegen zum Teil kilometerweit voneinander entfernt.

Eine Taxifahrt in die Innenstadt (innerhalb des Stadtautobahnrings M 30) kostet 30 Euro – ein Festpreis, auf den keine Zuschläge erhoben werden dürfen. Deutlich billiger ist die Fahrt mit der Metro (Linie 8), entweder vom U-Bahnhof des T4 oder vom gemeinsamen U-Bahnhof T1-T2-T3. Wenn Sie mit der Metro fahren wollen, rechnen Sie damit, dass Sie mindestens einmal umsteigen müssen. Für die Fahrt vom Flughafen in die Innenstadt muss ein spezielles Ticket für 5 Euro gekauft werden (das gilt jedoch nicht in Verbindung mit einer *Tarjeta Turística* – siehe Rubrik „Öffentliche Verkehrsmittel"). Achten Sie während der Fahrt auf Ihr Gepäck und lassen Sie keine Wertsachen in Reichweite von Langfingern (z. B. im Rucksack). Die Fahrt in die Innenstadt dauert ungefähr 30–40 Minuten.

Alternativ können Sie vom T1, T2 und T4 rund um die Uhr für 5 Euro den Airport-Express-Bus *(www.emtmadrid.es/lineaAeropuerto/index.html)* zur Plaza de Cibeles und (von 6 bis 23.30 Uhr) weiter zum Bahnhof Atocha nehmen. Vom T4 fährt außerdem alle halbe Stunde die Linie C1 der schnellen S-Bahn *(tren de cercanías | www.renfe.com/viajeros/cercanias/madrid* für nur 2,60 Euro zu den

GRÜN & FAIR REISEN

Auf Reisen können auch Sie viel bewirken. Behalten Sie nicht nur die CO_2-Bilanz für Hin- und Rückreise im Hinterkopf *(www.atmosfair.de; de.myclimate.org)* – etwa indem Sie Ihre Route umweltgerecht planen *(www.routerank.com)* – , sondern achten Sie auch Natur und Kultur im Reiseland *(www.gate-tourismus.de)*. Gerade als Tourist ist es wichtig, auf Aspekte wie Naturschutz *(www.nabu.de; www.wwf.de)*, regionale Produkte, wenig Autofahren, Wassersparen und vieles mehr zu achten.
Wenn Sie mehr über ökologischen Tourismus erfahren wollen: europaweit *www.oete.de*; weltweit *www.germanwatch.org*

Von Anreise bis Zoll

Urlaub von Anfang bis Ende: die wichtigsten Adressen und Informationen für Ihre Madridreise

Bahnhöfen Chamartín, Atocha und Príncipe Pío. Und die Stadtbuslinie 200 fährt ohne Flughafenaufschlag für nur 1,50 Euro bis/ab Metrostation Avenida América und ist für Ziele im Nordosten der Innenstadt ideal.

AUSKUNFT VOR DER REISE

SPANISCHES FREMDENVERKEHRSAMT

– *Lichtensteinallee 1 | 10787 Berlin | Tel. 030 8 82 65 43 | berlin@tourspain.es*
– *Walfischgasse 8 | 1010 Wien | Tel. 01 5 12 95 80 11 | viena@tourspain.es*
– *Seefeldstr. 19 | 8008 Zürich | Tel. 04 42 53 60 50 | zurich@tourspain.es*

WEBSITES MIT ALLGEMEINEN INFOS

– *www.spain.info:* Website des Spanischen Fremdenverkehrsamts
– *www.esmadrid.com:* Website der Stadt für Tourismus und Aktivitäten
– *www.turismomadrid.es:* die Tourismuswebsite der Region Madrid
– *www.madrid.es:* die offizielle Website der Stadtverwaltung

AUSKUNFT IN MADRID

OFICINAS DE TURISMO

Stadt Madrid: **(122 C3)** *(🕮 E5) Plaza Mayor 27 | Tel. 9 15 78 78 10 | Metro 1, 2, 3 Sol | tgl. 9.30–21.30 Uhr*
Comunidad de Madrid (für Madrid und Umgebung): **(123 E3)** *(🕮 G5) C/ Duque de Medinaceli 2 | Tel. 9 14 29 49 51 | Metro 2 Banco de España | Mo–Sa 8–15, So 9–14 Uhr*
Infokioske gibt es u. a. an der Plaza de Cibeles, Plaza de Callao und am Flughafen (Terminals 2 und 4) im Ankunftsbereich.

DIPLOMATISCHE VERTRETUNGEN

DEUTSCHE BOTSCHAFT

(128 C3) *(🕮 G2)*
C/ de Fortuny 8 | Tel. 9 15 57 90 00 | www.spanien.diplo.de | Metro 4 Colón

ÖSTERREICHISCHE BOTSCHAFT

(124 C3) *(🕮 O)*
Paseo de la Castellana 91 | Tel. 9 15 56 53 15 | www.bmeia.gv.at/botschaft/madrid | Metro 10 Santiago Bernabéu

SCHWEIZER BOTSCHAFT

(129 D3) *(🕮 H–J3)*
C/ Núñez de Balboa 35a | Tel. 9 14 36 39 60 | www.eda.admin.ch/madrid | Metro 4 Velázquez

FAHRRAD

An weit mehr als 150 Stationen stehen über das ganze Stadtgebiet verteilt die mehr als 2000 Elektrofahrräder des öffentlichen Verleihsystems von *BiciMAD (www.bicimad.com)* bereit. Als Besucher können Sie an den Automaten neben den Verleihstationen per Kreditkarte eine Benutzerkarte für ein, drei oder fünf Tage ziehen, dafür wird Ihnen eine Kaution von 150 Euro einbehalten. Abgerechnet wird am Ende: Die jeweils erste Stunde kostet 2 Euro, für jede weitere Stunde werden 4 Euro fällig.
Private Fahrradvermieter:
– *Trixi Madrid* **(123 D2)** *(🕮 F4) (C/ Jardines 12 | www.trixi.com | Metro 1, 2, 3 Sol)*, das auch geführte Fahrradtouren in englischer Sprache anbietet *(März–Nov. tgl. 11 Uhr ohne Voranmeldung)*

– *Bravo Bike* (127 D4) *(🗺 D3) (C/ Juan Álvarez Mendizábal 19 | www.bravobike.com | Metro 3, 10 Plaza de España)*, das ebenfalls unterschiedliche Radtouren durch Madrid anbietet

WAS KOSTET WIE VIEL?

Kaffee	um 1,50 Euro *für einen café solo*
Imbiss	ab 1,80 Euro *für eine kleine Tapa*
Wein	um 2,50 Euro *für ein Glas*
Diskothek	ab 15 Euro *für den Eintritt am Wochenende*
Metro	1,50–2 Euro *für eine einfache Fahrt*
Museum	15 Euro *für den Eintritt zum Prado*

– *Bike Spain* (122 B3) *(🗺 E5) (Plaza de la Villa 1 | www.bikespain.info | Metro 2, 5 Ópera)*

GELD & KREDITKARTEN

Einen Geldautomaten *(cajero automático)* gibt es an fast jeder Ecke. Die meisten Hotels und Restaurants sowie viele Geschäfte akzeptieren Kreditkarten, am verbreitetsten sind Visa und Mastercard.

GESUNDHEIT

Falls Sie dringend einen Arzt brauchen, erkundigen Sie sich nach dem nächsten Krankenhaus *(hospital)* mit einer Notaufnahme *(urgencia)*. Rechnen Sie dort mit einiger Wartezeit. Das spanische Gesundheitssystem ist medizinisch auf der Höhe der Zeit, aber tendenziell überlastet. Mit der Europäischen Krankenversicherungskarte (EHIC) auf der Rückseite Ihrer Versichertenkarte sind Sie auch in Spanien versichert.

INTERNETZUGANG & WLAN

Kabelloses Internet heißt in Spanien *wi-fi*. Die meisten Hotels und *hostales* bieten ihren Gästen inzwischen gratis *wi-fi*. Auch in Cafés wundert sich niemand über die Frage *¿Tiene wi-fi?* („Haben Sie WLAN?").

MADRID CITY PASS

Im Internet bekommen Sie den *Madrid City Pass*, der Ihnen dank „Skip-the-line-Zugang" Wartezeiten erspart. Er beinhaltet u. a. den Eintritt zum Prado und ins Bernabéu-Stadion inklusive Tour sowie ein Ticket für den Hop-on-hop-off-Bus und einen privaten Airporttransfer vom Flughafen zum Hotel. Außerdem gibt es diverse Rabatte. Der Pass kostet 80 Euro (16–18 Jahre 62 Euro, 5–15 Jahre 44 Euro) und hat kein Zeitlimit wie andere Stadtpässe. *citypasses.eu*

NOTRUF & POLIZEI

Polizei, Feuerwehr, Rettungswagen *Tel. 112*

Auf der Polizeiwache in der *C/ de Leganitos 19 (* (122 B1) *(🗺 E4) Metro 2 Santo Domingo)* kümmert sich der *Servicio de Atención al Turista Extranjero SATE (tgl. 9–24 Uhr | Tel. 915 48 79 85)* um ausländische Touristen in Notlagen.

ÖFFENTLICHE VERKEHRSMITTEL

Die Metro *(www.metromadrid.es)* ist das beste Fortbewegungsmittel in Madrid. Sie verkehrt von 6 Uhr morgens bis 1.30 Uhr nachts. In den Hauptverkehrszeiten kommen die Bahnen alle drei bis fünf Minuten, am späten Abend dauert es bis zu 15 Minuten. Von der Plaza de Cibeles starten zwischen 0 und 6 Uhr 26 Nachtbuslinien in die Vororte. Die *trenes de cercanía* der Eisenbahngesellschaft Renfe *(www.renfe.es)* entsprechen ungefähr der deutschen S-Bahn. Ihre Bahnhöfe sind mit einem gekippten weißen C auf rotem Grund gekennzeichnet.

Sie müssen zunächst für 2,50 Euro eine *Multicard* genannte Plastikkarte am Schalter oder an den Automaten im Eingangsbereich der Metrostationen kaufen; darauf laden Sie dann beliebig viele Fahrten. Einzige Ausnahme: Einzelne Fahrten mit dem Bus können auch direkt beim Fahrer gelöst werden. Zehn Fahrten in Zone A kosten 12,20 Euro und können auch von verschiedenen Personen genutzt werden. Während einer Fahrt können Sie so oft umsteigen, wie Sie wollen. Die Karte gilt auch für die *cercanías* (bei Zone A aber nur im Stadtgebiet!) und für die roten Linienbusse der Madrider Stadtwerke *(www.emtmadrid.es);* aber Achtung: In Letzteren muss nach jedem Umsteigen neu gelöst werden!

Alternativ können Sie auf die Karte auch eine *Tarjeta Turística* laden: ein 1-, 2-, 3-, 5- oder 7-Tage-Ticket *(8,40–35,40 Euro, Kinder von vier bis zehn Jahren die Hälfte).* Meist genügt die Zone A, Zone T *(17–70,80 Euro)* braucht nur, wer auch die Vorstädte erkunden will. Diese Karte ist personengebunden, man muss die Ausweisnummer auf der Karte notieren. Vorteil: Wenn Ihre erste Aufladung auf die Karte eine *Tarjeta Turística* ist, entfällt die Kartengebühr von 2,50 Euro. Außerdem gilt die *Tarjeta Turística* auch für die Fahrt vom und zum Flughafen, sodass der Flughafenzuschlag entfällt.

Wenn Sie im Zentrum wohnen, ist fast immer die Zehnerkarte die bessere Wahl, denn dort kann man eigentlich alles zu Fuß machen. Wenn Sie dann z. B. das Bernabéu-Stadion besichtigen und etwa

LESEHUNGER & AUGENFUTTER

Die sterblich Verliebten – Jeden Morgen beobachtet María in einem Madrider Café ein allem Anschein nach perfektes Paar. Sie ist fasziniert, doch dann geschieht etwas Schreckliches. Ein meisterlicher Roman (2011) von Javier Marías über die Liebe und den Tod

Der lange Marsch/Der Fall von Madrid/Alte Freunde – Rafael Chirbes' Romantrilogie (1996/2000/2003) beschreibt anhand eines Freundes- und Familienkreises in Madrid den gesellschaftlichen Wandel Spaniens von der Diktatur Francos in einen modernen europäischen Staat. Ein anspruchsvolles Meisterwerk

Goyas Geister – Der Film von 2006 führt mit dem Ausnahmekünstler Francisco de Goya in die Umbruchszeit des ausgehenden 18. Jhs.: Die spanische Inquisition trifft auf die Französische Revolution. Als ideale Kulisse diente Milos Forman u. a. der Retiropark

Abre los ojos – Der erfolgreichste spanische Regisseur neben Altmeister Pedro Almodóvar ist Alejandro Amenábar: In diesem Mysterydrama von 1997 sind einige der ungewöhnlichsten Bilder von Madrid zu sehen, etwa eine völlig leer gefegte Gran Vía

zu zweit oder zu viert sind, ist eine Zehnerkarte auf jeden Fall günstiger als eine Touristcard pro Tag und Person. Die *Tarjeta Turística* lohnt am ehesten am An- und Abreisetag, weil mit ihr der Flughafenzuschlag entfällt. Das hängt allerdings auch wieder von der Personenanzahl ab: Bei vier Personen ist die 1-Tag-Touristcard teurer als ein Taxi, bei drei Personen nur unwesentlich billiger.

PARKEN

Reservieren Sie ein Hotel mit Garage, wenn Sie Madrid mit dem Auto besuchen. Grün gekennzeichnete Stellplätze sind für Anwohner reserviert, für Besucher die blau markierten Plätze.

POST

Die Öffnungszeiten der Postämter *(oficinas de correos | www.correos.es)* sind gewöhnlich *Mo–Fr 8.30–14.30, Sa 9.30–13 Uhr.* Schneller bekommt man Briefmarken im *estanco* (Tabakladen). Porto ins europäische Ausland 1,35 Euro. Vorsicht: Wer in Souvenirshops Briefmarken der sogenannten City Post kauft, darf die Post nicht in die normalen (gelben) Briefkästen werfen, sondern ausschließlich in die Kästen der City Post!

STADTFÜHRUNGEN & STADTRUNDFAHRTEN

Madrid City Tour bietet täglich *(Nov.–Feb. 10–18 Uhr etwa alle 15 Min., März–Okt. 9–22 Uhr etwa alle 8 Min.)* zwei unterschiedliche Besichtigungstouren im ● offenen Doppeldeckerbus durch Madrid. Gemeinsame Haltestelle beider Routen an der *Fuente Neptuno* **(123 F3)** *(🗺 G5)* neben dem Prado, an der *Plaza de Cibeles* **(123 F2)** *(🗺 G4)*, an der *Plaza de Colón* **(128 C4)** *(🗺 G3)* und an der

WETTER IN MADRID

	Jan.	Feb.	März	April	Mai	Juni	Juli	Aug.	Sept.	Okt.	Nov.	Dez.
Tagestemperaturen in °C	8	11	14	18	22	27	31	30	25	19	12	9
Nachttemperaturen in °C	1	2	4	7	10	14	17	17	13	9	4	2
☀	5	6	6	8	9	11	13	11	9	6	5	5
☂	7	7	8	7	6	4	2	1	4	6	8	7

 ☀ Sonnenschein Stunden/Tag ☂ Niederschlag Tage/Monat

Puerta del Sol **(122–123 C–D 2–3)** **(*🕮 F4*)**. Das gemeinsame Ticket für beide Routen kostet 21 Euro, für zwei Tage 25 Euro. Sie zahlen im Bus und können jederzeit aus- und wieder zusteigen. Ein Audioführer (auch auf Deutsch) erklärt die Sehenswürdigkeiten. *www.madridcitytour.es*

Deutschsprachige, individuelle Stadtführungen für private Gruppen und Madrideinsteiger bietet MARCO POLO Autorin *Susanne Thiel (www.stadtführungenmadrid.com)* an, thematische Touren das Team von *Madrid auf Deutsch (www.madridaufdeutsch.net)*.

Jede Menge Spaß macht es, die Stadt auf dem Segway zu erkunden. Dabei können selbst Madridkenner noch viel Neues entdecken. Verschiedene Touren gibt es z. B. bei einem der Pioniere unter Madrids Segwayanbietern, *Segway Trip* **(122 B3)** **(*🕮 E5*)** *(ab 25 Euro | Plaza de San Miguel 2 | segwaytrip.com | Metro 2, 5 Ópera)* an; eine dreistündige Tour mit Start am Fluss gibts bei *Madsegs* **(130 C2)** **(*🕮 D5*)** *(65 Euro | Paseo Virgen del Puerto 45 | www.madsegs.com | Metro 6 Puerta del Ángel)*.

TAXIS

Wer in Madrid ein Taxi nimmt, stellt sich an den Straßenrand und winkt sich eines heran. Wenn auf dem Dach des Taxis das grüne Licht leuchtet, ist es frei. Das Taxameter startet bei 2,40 Euro. Fahrten vom und zum Flughafen kosten 30 Euro, für Fahrten von Bahnhöfen ist ein Zuschlag von 3 Euro zu zahlen. Zwischen 21 und 7 Uhr und am Wochenende gelten leicht höhere Tarife. Taxiruf *Tel. 915478200*

TELEFON & HANDY

Vorwahlen aus Spanien: Deutschland *0049*, Österreich *0043*, Schweiz *0041*, danach lassen Sie die erste Null der Ortsvorwahl weg. Bei Anrufen aus dem Ausland nach Spanien wählen Sie die Vorwahl *0034* und dann die komplette Rufnummer. Innerhalb Spaniens wählen Sie auch bei Ortsgesprächen immer die gesamte neunstellige Nummer. Spanische Mobiltelefonnummern fangen meistens mit einer 6 oder, seltener, mit einer 7 an. Vielfältige Infos zum Thema finden Sie im Internet unter *www.teltarif.de/roaming/spanien*.

TRINKGELD

Zahlen Sie nur Trinkgeld, wenn Sie mit dem Service zufrieden waren und nur so viel, wie Sie für richtig halten. Der Kellner bringt Ihnen zunächst immer das Wechselgeld auf einem Tellerchen, darauf lassen Sie dann ggf. ein paar Münzen liegen. In vornehmen Restaurants sind fünf bis zehn Prozent üblich. Im Taxi runden Sie auf, einem Kofferträger oder dem Zimmermädchen im Hotel geben Sie 1 Euro.

VERANSTALTUNGSHINWEISE & VORVERKAUF

Das Kulturprogramm finden Sie in der Wochenzeitschrift Guía del Ocio *(www.guiadelocio.com/madrid)* oder in der Freitagsbeilage Metrópoli der Tageszeitung El Mundo *(www.metropoli.com)*. Einen ausführlichen deutschsprachigen Veranstaltungskalender gibt es unter *www.esmadrid.com/de*.

ZOLL

Innerhalb der EU dürfen alle Waren für den privaten Verbrauch frei ein- und ausgeführt werden; Richtwerte hierfür sind z. B. 800 Zigaretten und 10 l Spirituosen. Für Schweizer gelten erheblich geringere Freimengen.

SPRACHFÜHRER SPANISCH

AUSSPRACHE

c	vor „e" und „i" stimmloser Lispellaut wie englisches „th"
ch	stimmloses „tsch" wie in „tschüss"
g	vor „e, i" wie deutsches „ch" in „Bach"
gue, gui/que, qui	das „u" ist stumm, wie deutsches „ge", „gi"/„ke", „ki"
j	immer wie deutsches „ch" in „Bach"
ll, y	wie deutsches „j"
ñ	wie deutsches „nj"

AUF EINEN BLICK

ja/nein/vielleicht	sí/no/quizás
bitte/danke	por favor/gracias
Hallo!/Auf Wiedersehen!/Tschüss!	¡Hola!/¡Adiós!/¡Hasta luego!
Gute(n) Morgen!/Tag!/Abend!/Nacht!	¡Buenos días!/¡Buenos días!/¡Buenas tardes!/¡Buenas noches!
Entschuldige!/Entschuldigen Sie!	¡Perdona!/¡Perdone!
Darf ich ...?	¿Puedo...?
Wie bitte?	¿Cómo dice?
Ich heiße ...	Me llamo...
Wie heißen Sie?/Wie heißt Du?	¿Cómo se llama usted?/¿Cómo te llamas?
Ich komme aus ...	Soy de...
Deutschland/Österreich/Schweiz	Alemania/Austria/Suiza
Ich möchte .../Haben Sie ...?	Querría.../¿Tiene usted...?
Wie viel kostet ...?	¿Cuánto cuesta...?
Das gefällt mir (nicht).	Esto (no) me gusta.
gut/schlecht	bien/mal
kaputt/funktioniert nicht	roto/no funciona
zu viel/viel/wenig/alles/nichts	demasiado/mucho/poco/todo/nada
Hilfe!/Achtung!/Vorsicht!	¡Socorro!/¡Atención!/¡Cuidado!
Krankenwagen/Polizei/Feuerwehr	ambulancia/policía/bomberos
Darf ich hier fotografieren?	¿Podría fotografiar aquí?

DATUMS- & ZEITANGABEN

Montag/Dienstag/Mittwoch	lunes/martes/miércoles
Donnerstag/Freitag/Samstag	jueves/viernes/sábado
Sonntag/Werktag/Feiertag	domingo/laborable/festivo

¿Hablas español?

„Sprichst du Spanisch?" Dieser Sprachführer hilft Ihnen, die wichtigsten Wörter und Sätze auf Spanisch zu sagen

heute/morgen/gestern	hoy/mañana/ayer
Stunde/Minute/Sekunde/Augenblick	hora/minuto/segundo/momento
Tag/Nacht/Woche/Monat/Jahr	día/noche/semana/mes/año
jetzt/sofort/früher/später	ahora/enseguida/antes/después
Wie viel Uhr ist es?	¿Qué hora es?
Es ist drei Uhr./Es ist halb vier.	Son las tres./Son las tres y media.
Viertel vor vier/Viertel nach vier	cuatro menos cuarto/ cuatro y cuarto

UNTERWEGS

offen/geschlossen/Öffnungszeiten	abierto/cerrado/horario
Eingang/Einfahrt/Ausgang/Ausfahrt	entrada/acceso/salida/salida
Abfahrt/Abflug/Ankunft	salida/salida/llegada
Toiletten/Damen/Herren	aseos/señoras/caballeros
frei/besetzt	libre/ocupado
(kein) Trinkwasser	agua (no) potable
Wo ist ...? / Wo sind ...?	¿Dónde está...? /¿Dónde están ...?
links/rechts	izquierda/derecha
geradeaus/zurück	recto/atrás
nah/weit	cerca/lejos
Ampel/Ecke/Kreuzung	semáforo/esquina/cruce
Bus/Straßenbahn/U-Bahn/Taxi	autobús/tranvía/metro/taxi
Haltestelle/Taxistand	parada/parada de taxis
Parkplatz/Parkhaus	parking/garaje
Stadtplan/(Land-)Karte	plano de la ciudad/mapa
Bahnhof/Hafen/Flughafen	estación/puerto/aeropuerto
Fähre/Anleger	transbordador/muelle
Fahrplan/Fahrschein/Zuschlag	horario/billete/suplemento
einfach/hin und zurück	sencillo/ida y vuelta
Zug/Gleis/Bahnsteig	tren/vía/andén
Verspätung/Streik	retraso/huelga
Ich möchte ... mieten	Querría... alquilar
ein Auto/ein Fahrrad/ein Boot	un coche/una bicicleta/un barco
Tankstelle/Benzin/Diesel	gasolinera/gasolina/diesel
Panne/Werkstatt	avería/taller

ESSEN & TRINKEN

Reservieren Sie uns bitte für heute Abend einen Tisch für vier Personen.	Resérvenos, por favor, una mesa para cuatro personas para hoy por la noche.
auf der Terrasse/am Fenster	en la terraza/junto a la ventana
Die Speisekarte, bitte!	¡El menú, por favor!

Könnten Sie mir bitte ... bringen?	¿Podría traerme... por favor?
Flasche/Karaffe/Glas	botella/jarra/vaso
Messer/Gabel/Löffel	cuchillo/tenedor/cuchara
Salz/Pfeffer/Zucker	sal/pimienta/azúcar
Essig/Öl/Milch/Zitrone	vinagre/aceite/leche/limón
kalt/versalzen/nicht gar	frío/demasiado salado/sin hacer
mit/ohne Eis/Kohlensäure	con/sin hielo/gas
Vegetarier/Vegetarierin/Allergie	vegetariano/vegetariana/alergía
Ich möchte zahlen, bitte.	Querría pagar, por favor.
Rechnung/Quittung/Trinkgeld	cuenta/recibo/propina

EINKAUFEN

Apotheke/Drogerie	farmacia/droguería
Bäckerei/Markt	panadería/mercado
Metzgerei/Fischgeschäft	carnicería/pescadería
Einkaufszentrum/Kaufhaus	centro comercial/grandes almacenes
Geschäft/Supermarkt/Kiosk	tienda/supermercado/quiosco
100 Gramm/1 Kilo	cien gramos/un kilo
teuer/billig/Preis	caro/barato/precio
mehr/weniger	más/menos
aus biologischem Anbau	de cultivo ecológico

ÜBERNACHTEN

Ich habe ein Zimmer reserviert.	He reservado una habitación.
Haben Sie noch ...?	¿Tiene todavía...?
Einzelzimmer/Doppelzimmer	habitación individual/habitación doble
Frühstück/Halbpension/Vollpension	desayuno/media pensión/pensión completa
nach vorne/zum Meer/zum Garten	hacia delante/hacia el mar/hacia el jardín
Dusche/Bad	ducha/baño
Balkon/Terrasse	balcón/terraza
Schlüssel/Zimmerkarte	llave/tarjeta
Gepäck/Koffer/Tasche	equipaje/maleta/bolso
Schwimmbad/Spa/Sauna	piscina/spa/sauna
Seife/Toilettenpapier/Windel	jabón/papel higiénico/pañal
Babybett/Kinderstuhl/wickeln	cuna/trona/cambiar los pañales
Anzahlung/Kaution	anticipo/caución

BANKEN & GELD

Bank/Geldautomat/Geheimzahl	banco/cajero automático/número secreto
bar/Kreditkarte	en efectivo/tarjeta de crédito
Banknote/Münze/Wechselgeld	billete/moneda/cambio

GESUNDHEIT

Arzt/Zahnarzt/Kinderarzt	médico/dentista/pediatra
Krankenhaus/Notfallpraxis	hospital/urgencias
Fieber/Schmerzen/entzündet/verletzt	fiebre/dolor/inflamado/herido
Durchfall/Übelkeit/Sonnenbrand	diarrea/náusea/quemadura de sol
Pflaster/Verband/Salbe/Creme	tirita/vendaje/pomada/crema
Schmerzmittel/Tablette/Zäpfchen	calmante/comprimido/supositorio

TELEKOMMUNIKATION & MEDIEN

Briefmarke/Brief/Postkarte	sello/carta/postal
Ich brauche eine Telefonkarte.	Necesito una tarjeta telefónica.
Ich suche eine Prepaidkarte für mein Handy.	Busco una tarjeta prepago para mi móvil.
Wo finde ich einen Internetzugang?	¿Dónde encuentro un acceso a internet?
wählen/Verbindung/besetzt	marcar/conexión/ocupado
Steckdose/Adapter/Ladegerät	enchufe/adaptador/cargador
Computer/Batterie/Akku	ordenador/batería/batería recargable
E-Mail(-Adresse)/At-Zeichen	(dirección de) correo electrónico/arroba
Internetadresse (URL)	dirección de internet
Internetanschluss/WLAN	conexión a internet/wifi
Datei/ausdrucken	archivo/imprimir

ZAHLEN

0	cero	20	veinte
1	un, uno, una	21	veintiuno
2	dos	22	veintidós
3	tres	30	treinta
4	cuatro	40	cuarenta
5	cinco	50	cincuenta
6	seis	60	sesenta
7	siete	70	setenta
8	ocho	80	ochenta
9	nueve	90	noventa
10	diez	100	cien, ciento
11	once	200	doscientos, doscientas
12	doce	300	trescientos, trescientas
13	trece	400	cuatrocientos, cuatrocientas
14	catorce	500	quinientos, quinientas
15	quince	1000	mil
16	dieciséis	2000	dos mil
17	diecisiete	10 000	diez mil
18	dieciocho	1/2	medio
19	diecinueve	1/4	un cuarto

CITYATLAS

Verlauf der Erlebnistour „Perfekt im Überblick"
Verlauf der Erlebnistouren

Der Gesamtverlauf aller Touren ist auch in der herausnehmbaren Faltkarte eingetragen

Unterwegs in Madrid

Die Seiteneinteilung für den Cityatlas finden Sie auf dem hinteren Umschlag dieses Reiseführers

127
131
A
B
C
1
2
3
4
5
6
Palacio del Senado
Pl. Marina Española
Jardines de Sabatini
Monast. de la Encarnación
S. Quintín
Jardines Cabo Noval
Plaza de Oriente
Cervantes
Teatro Real
Pl. Isabel II
Opera
Sto. Domingo
Callao
Pl. de Callao
Gran Vía
Teatro Lope de Vega
Pl. Flor Alta
Monasterio de las Descalzas Reales
Mercado
Palacio Real
Real Armería
PALACIO
Botuca Real
Plaza de la Armería
Museo de Colecciones Reales
Ntra. Señora de la Almudena
Jardines Lepanto
Requena
Pl. Ramales
Pl. Biombo
San Nicolás de los Servitas
Calle Mayor
Ayuntamiento
Pl. de la Villa
Plaza Mayor
Casa Panadería
Pl. S. Ginés
Arenal
Puerta del Sol
Capitanía General
Muralla árabe
Parque Emir Mohamed I
Arzobispal Castrense
Pl. S. Javier
Pl. Sta. Cruz
Pl. Provincia
Palacio de S. Cruz
Palacio Viana
Calle de Segovia
Viaducto
Calle de Bailén
Parque de las Vistillas
Pl. de la Paja
San Andrés
Pl. S. Andrés
Pl. Humilladero
Pl. Pta. Moros
Pl. Carros
Teatro La Latina
Mercado
Cebada
La Latina
LA LATINA
Pl. Cascorro
Colegiata de San Isidro
Tirso de Molina
Basílica S. Francisco El Grande
Capilla Cristo d. l. Dolores
Hosp. Venerable
V. de la Paloma
I.C.O.N.A.
Pta. de Toledo
Centro Artesano
Gta. Pta. de Toledo
Ronda de Segovia
Ronda de Toledo
El Rastro
Embajadores
Ribera de Curtidores
IMPERIAL
I.M.E.F.E.
Paseo de los Pontones
Paseo de Toledo
Mundo Nuevo
Pl. Campillo
200m
219 yd
10
14
7
9
13

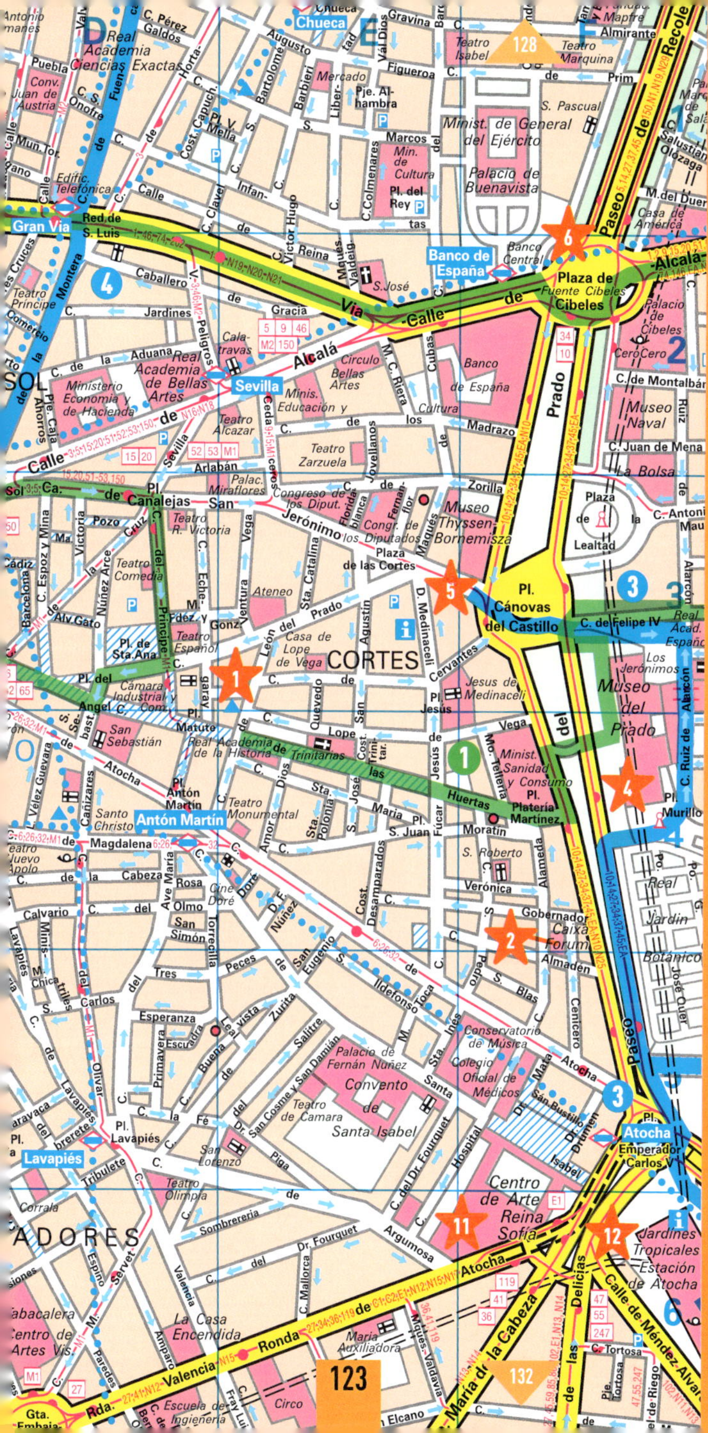

Chueca
Gravina
Real Academia Ciencias Exactas
C. Pérez Galdós
Augusto Figueroa
Teatro Isabel
128
Teatro Marquina
Almirante
Prim
Recoletos
Mercado
Pje. Alhambra
S. Pascual
Conv. Juan de Austria
Minist. de General del Ejército
Palacio de Buenavista
Marcos
Min. de Cultura
Pl. del Rey
Pl. V. Mella
Edific. Telefónica
Gran Vía
Red de S. Luis
Infantas
Víctor Hugo
C. Colmenares
Salustiano Olózaga
M. del Duero
Casa de América
Banco de España
Banco Central
Plaza de Fuente Cibeles Cibeles
Alcalá
Palacio de Cibeles
CeroCero
S. José
Reina
Caballero de Gracia
Jardines
Teatro Príncipe
Montera
Calle de Alcalá
Calatravas
Sevilla
Real Academia de Bellas Artes
Aduana
Ministerio Economía y de Hacienda
Minis. Educación y Cultura
Circulo Bellas Artes
Banco de España
Prado
C. de Montalbán
Museo Naval
C. Juan de Mena
SOL
Teatro Alcazar
Teatro Zarzuela
Madrazo
Arlabán
Zorrilla
La Bolsa
Pl. Canalejas
Palac. Miraflores
Congreso de los Diput.
Congr. de los Diputados
Museo Thyssen-Bornemisza
Plaza de la Lealtad
C. Antonio Maura
San Jerónimo
Teatro R. Victoria
Plaza de las Cortes
Pozo
Teatro Comedia
Ateneo
Pl. Cánovas del Castillo
C. de Felipe IV
Real Acad. Españ.
Alv. Gato
Pl. de Sta. Ana
Teatro Español
León del Prado
Casa de Lope de Vega
CORTES
D. Medinaceli
Cervantes
Los Jerónimos
Museo del Prado
Pl. del Ángel
Cámara Industrial y Com.
Pl. Jesús
Jesús de Medinaceli
San Sebastián
Pl. Matute
Real Academia de la Historia
Trinitarias
Lope de Vega
Minist. Sanidad y Consumo
C. Ruiz de Alarcón
Atocha
Huertas
Pl. Antón Martín
Teatro Monumental
Santo Christo
Antón Martín
Pl. Platería Martínez
Pl. Murillo
Magdalena
S. Juan
Moratín
S. Roberto
Verónica
Real Jardín Botánico
Cabeza
Cine Doré
Gobernador
Caixa Forum
Almadén
Calvario
Olmo
San Simón
Torrecilla
Peces
San Eugenio
Ildefonso
Tres Peces
Lavapiés
Esperanza
Conservatorio de Música
Colegio Oficial de Médicos
Palacio de Fernán Núñez
Convento de Santa Isabel
Teatro de Cámara
Salitre
Zurita
Pl. Lavapiés
Lavapiés
Tribulete
San Lorenzo
Atocha
Emperador Carlos V
Teatro Olimpia
Centro de Arte Reina Sofía
Sombrerería
Argumosa
Dr. Fourquet
Jardines Tropicales Estación de Atocha
Delicias
Calle de Méndez Álvaro
ADORES
Tabacalera Centro de Artes Vis.
La Casa Encendida
Ronda de Valencia
María Auxiliadora
Rda. de Valencia
Gta. Embajadores
Escuela de Ingeniería
Circo
Elcano
María de la Cabeza
123
132
Paseo
Tortosa

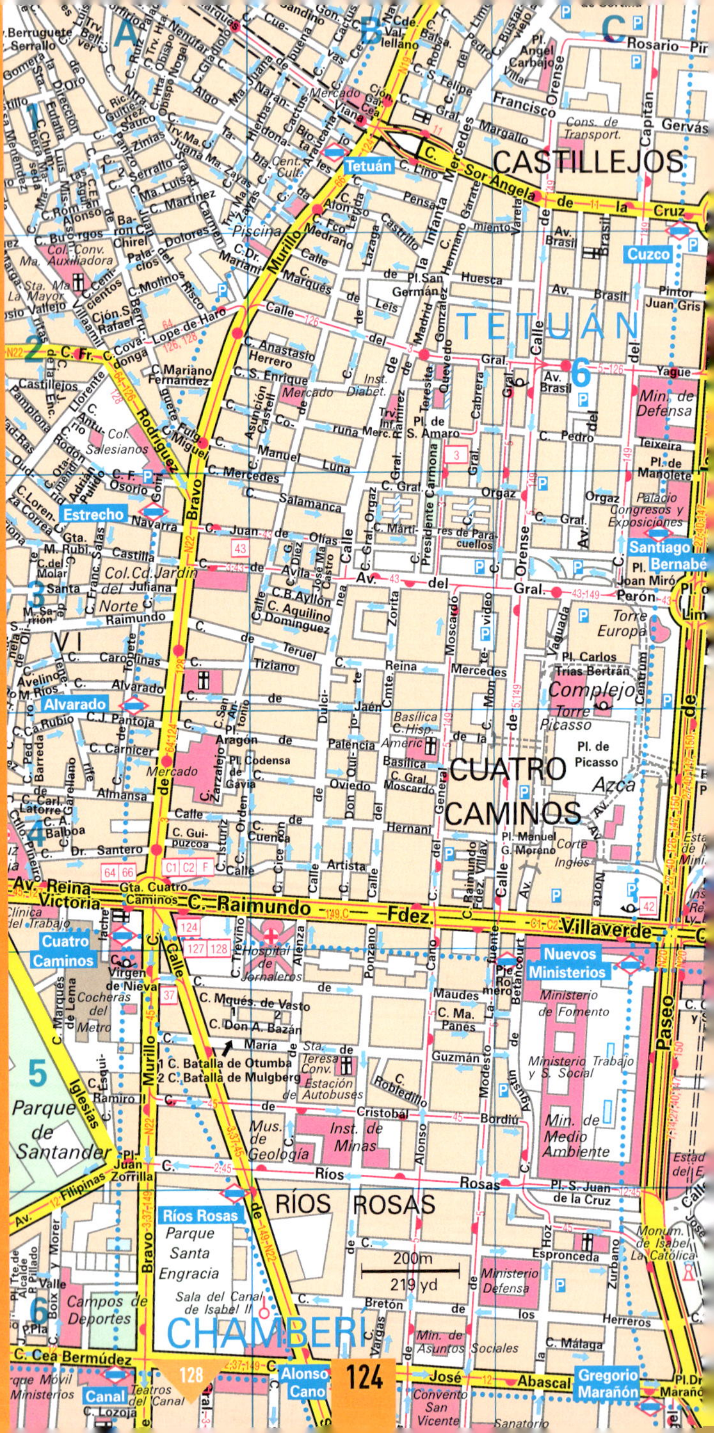

A
B
C
CASTILLEJOS
TETUÁN
CUATRO CAMINOS
RÍOS ROSAS
CHAMBERÍ
Tetuán
Cuzco
Estrecho
Alvarado
Santiago Bernabéu
Cuatro Caminos
Nuevos Ministerios
Ríos Rosas
Alonso Cano
Gregorio Marañón
Canal
C. Bravo Murillo
C. Sor Ángela de la Cruz
Av. Reina Victoria
C. Raimundo Fdez. Villaverde
Av. del Gral. Perón
C. Orense
Paseo de la Castellana
C. Francisco Rodríguez
C. Cea Bermúdez
C. José Abascal
C. de Ríos Rosas
Av. Brasil
Pl. de Picasso
Torre Picasso
Torre Europa
Complejo Azca
Palacio Congresos y Exposiciones
Min. de Defensa
Ministerio de Fomento
Ministerio Trabajo y S. Social
Min. de Medio Ambiente
Inst. de Minas
Mus. de Geología
Hospital de Jornaleros
Parque de Santander
Parque Santa Engracia
Campos de Deportes
Col. Salesianos
Col. Cd. Jardín del Norte
Cocheras del Metro
Estación de Autobuses
Basílica C. Hisp. Americ.
Cons. de Transport.
Min. de Asuntos Sociales
Ministerio Defensa
Monum. de Isabel La Católica
Corte Inglés
200 m
219 yd
1
2
3
4
5
6

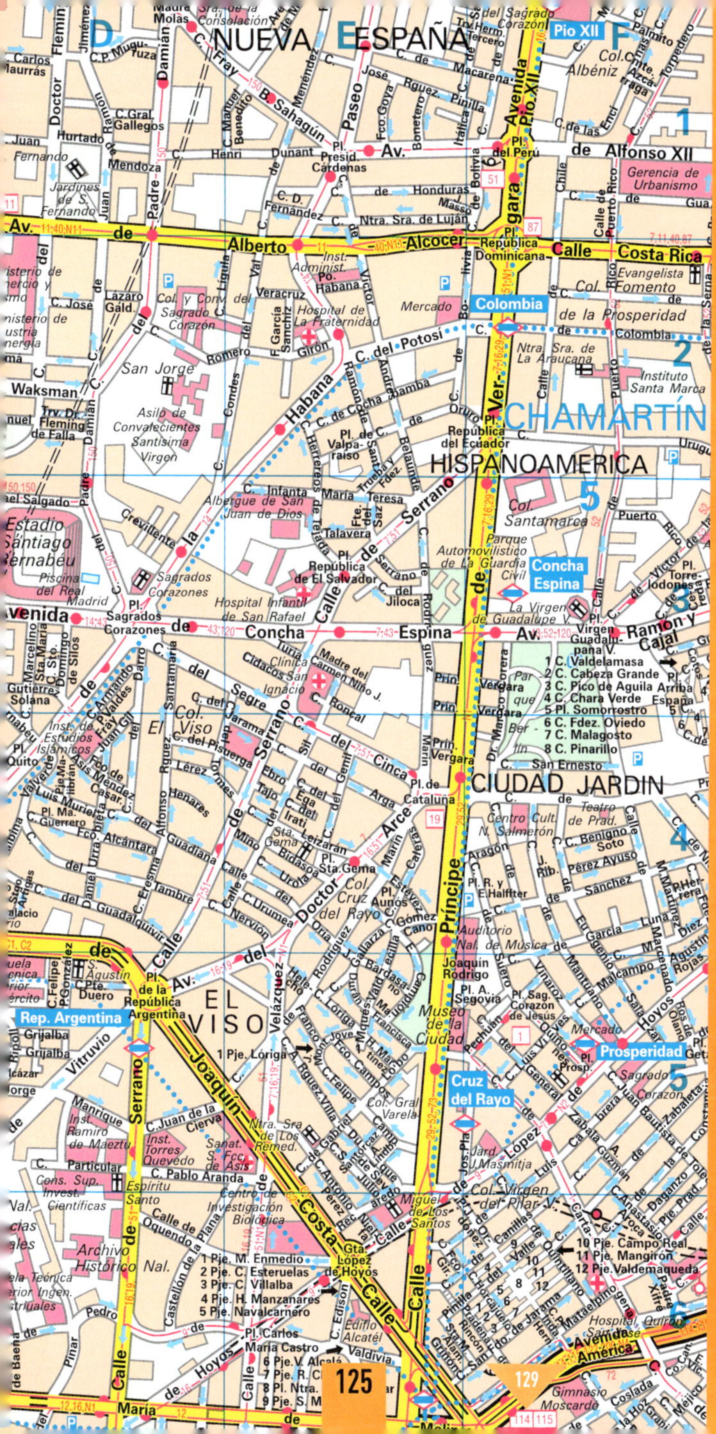
D
E
F
1
2
3
4
5
6
NUEVA ESPAÑA
Pio XII
Col. Albéniz
Avenida Pío XII
Av. de Alfonso XII
Gerencia de Urbanismo
Pl. del Perú
Pl. Presid. Cárdenas
Jardines de S. Fernando
Av. de Alberto Alcocer
Pl. República Dominicana
Calle Costa Rica
Evangelista
Col. Fomento
Colombia
de la Prosperidad
Ntra. Sra. de La Araucana
Instituto Santa Marca
Hospital de La Fraternidad
Mercado
Col. y Conv. del Sagrado Corazón
San Jorge
Asilo de Convalecientes Santísima Virgen
C. del Potosí
Habana
Pl. República del Ecuador
CHAMARTÍN
HISPANOAMERICA
Col. Santamarca
Parque Automovilístico de La Guardia Civil
Concha Espina
La Virgen de Guadalupe
Albergue de San Juan de Dios
Pl. República de El Salvador
Estadio Santiago Bernabéu
Piscina del Real Madrid
Sagrados Corazones
Pl. Sagrados Corazones
Hospital Infantil de San Rafael
Avenida de Concha Espina
Av. Ramón y Cajal
Clínica San Ignacio
Madre del Carmen Niño J.
Calle de Serrano
Col. El Viso
Inst. de Estudios Islámicos
Pl. Quito
Parque Berlín
1 C. Valdelamasa
2 C. Cabeza Grande
3 C. Pico de Aguila
4 C. Chara Verde
5 Pl. Somorrostro
6 C. Fdez. Oviedo
7 C. Malagosto
8 C. Pinarillo
C. San Ernesto
CIUDAD JARDIN
Pl. de Cataluña
Teatro de Prad.
Centro Cult. N. Salmerón
Sta. Gema
Pl. Sta. Gema
Col. Cruz del Rayo
Calle Príncipe de Vergara
Auditorio Nal. de Música
Joaquín Rodrigo
Pl. A. Segovia
Pl. Sag. Corazón de Jesús
Mercado
Prosperidad
Sagrado Corazón
Pl. de la República Argentina
Rep. Argentina
EL VISO
Av. del Doctor Arce
1 Pje. Lóriga
Museo de la Ciudad
Cruz del Rayo
Col. Gral. Varela
Inst. Ramiro de Maeztu
Inst. Torres Quevedo
Sanat. S. Fco. de Asís
Nta. Sra. de Los Remed.
Cons. Sup. Invest. Científicas
Espíritu Santo
Centro de Investigación Biológica
Archivo Histórico Nal.
Calle de Serrano
Calle de Joaquín Costa
Gta. López de Hoyos
1 Pje. M. Enmedio
2 Pje. C. Esterwelas
3 Pje. C. Villalba
4 Pje. H. Manzanares
5 Pje. Navalcarnero
Pl. Carlos María Castro
6 Pje. V. Alcalá
7 Pje. R. C
8 Pl. Ntra.
9 Pje. S. M
Edificio Alcatel
Miguel de Los Santos
Col. Virgen del Pilar
Jard. J. Masmitja
10 Pje. Campo Real
11 Pje. Mangirón
12 Pje. Valdemaqueda
Hospital Quirón
Avenida de América
Gimnasio Moscardó
Calle de María de Molina
129

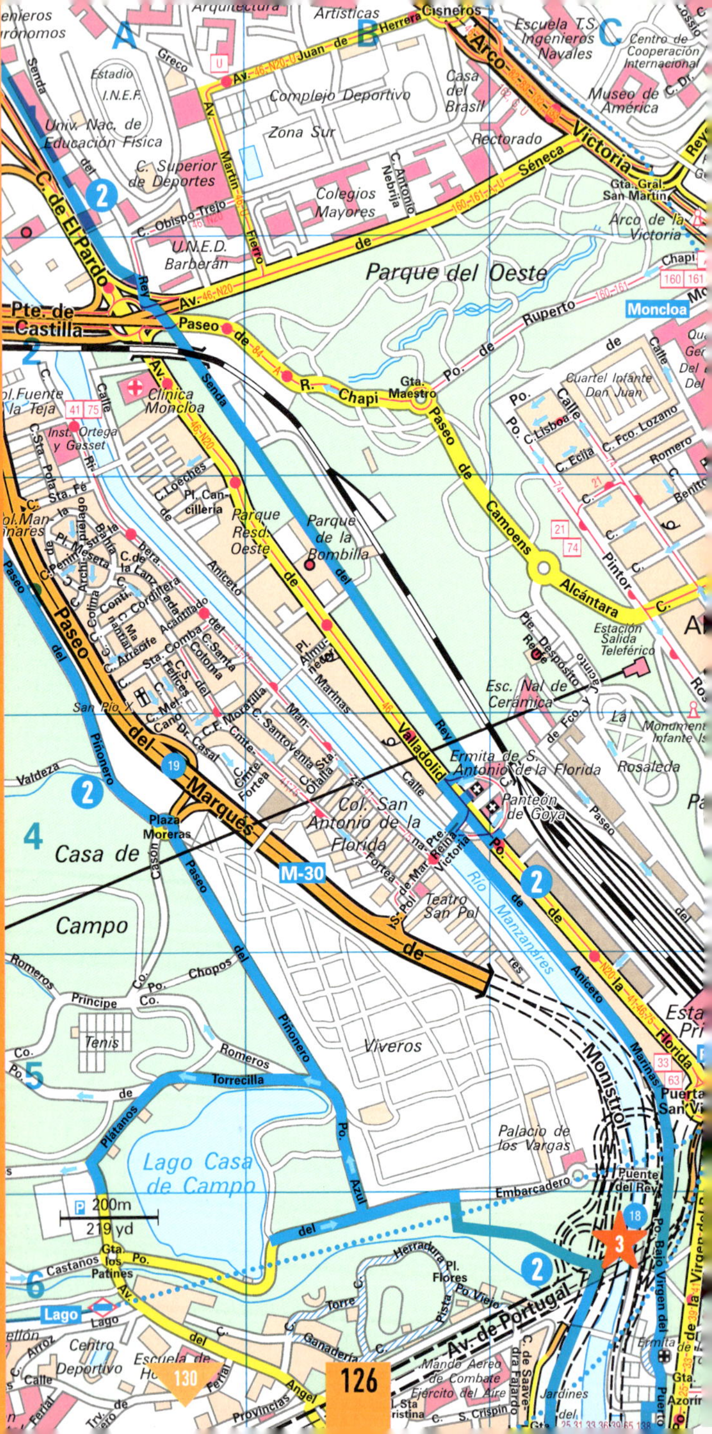
A
B
C
Artísticas
Cisneros
Herrera
Juan de
Escuela T.S. Ingenieros Navales
Centro de Cooperación Internacional
Museo de América
Arco
Victoria
Estadio I.N.E.F.
Greco
Complejo Deportivo
Zona Sur
Casa del Brasil
Rectorado
Univ. Nac. de Educación Física
C. Superior de Deportes
Av. Martín Fierro
C. Antonio Nebrija
Colegios Mayores
Séneca
Gta. Gral. San Martín
Arco de la Victoria
C. Obispo Trejo
U.N.E.D. Barberán
C. de El Pardo
Senda del Rey
Parque del Oeste
Chapi
Moncloa
Pte. de Castilla
Paseo de R. Chapi
Ruperto
Gta. Maestro
Paseo de Camoens
Cuartel Infante Don Juan
Po. C. Lisboa
C. Ecija
C. Fco. Lozano
Romero
Clínica Moncloa
Col. Fuente la Teja
Inst. Ortega y Gasset
C. Sta. Pola
C. Loeches
Pl. Cancillería
Parque Resd. Oeste
Parque de la Bombilla
Col. Manzanares
Pl. Meseta
Cordillera
Acantilado
Aniceto
Pl. Almuñécar
Marinas
Valladolid
Alcántara
Pintor
Estación Salida Teleférico
Esc. Nal de Cerámica
Monumento Infante
Rosaleda
Ermita de S. Antonio de la Florida
Panteón de Goya
San Pío X
C.F. Moratilla
C. Santovenia
Sta. Ojalla
Valdeza
Piñonero
Plaza Moreras
Col. San Antonio de la Florida
Pte. Reina Victoria
Río Manzanares
Casa de Campo
Casón
M-30
Paseo del Marqués de Monistrol
Teatro San Pol
Paseo de la Florida
Chopos
Príncipe
Tenis
Romeros
Viveros
Torrecilla
Plátanos
Lago Casa de Campo
Po. Azul
Palacio de los Vargas
Embarcadero
Puente del Rey
Puerta San Vicente
200m
219 yd
Gta. los Patines
Castaños
Herradura
Pl. Flores
Po. Viejo
Av. de Portugal
Lago
Centro Deportivo
Ganadería
Mando Aéreo de Combate Ejército del Aire
C. de Saavedra Fajardo
Jardines
Po. Bajo Virgen del Puerto
Gta. Azorín
Provincias
Feria
130

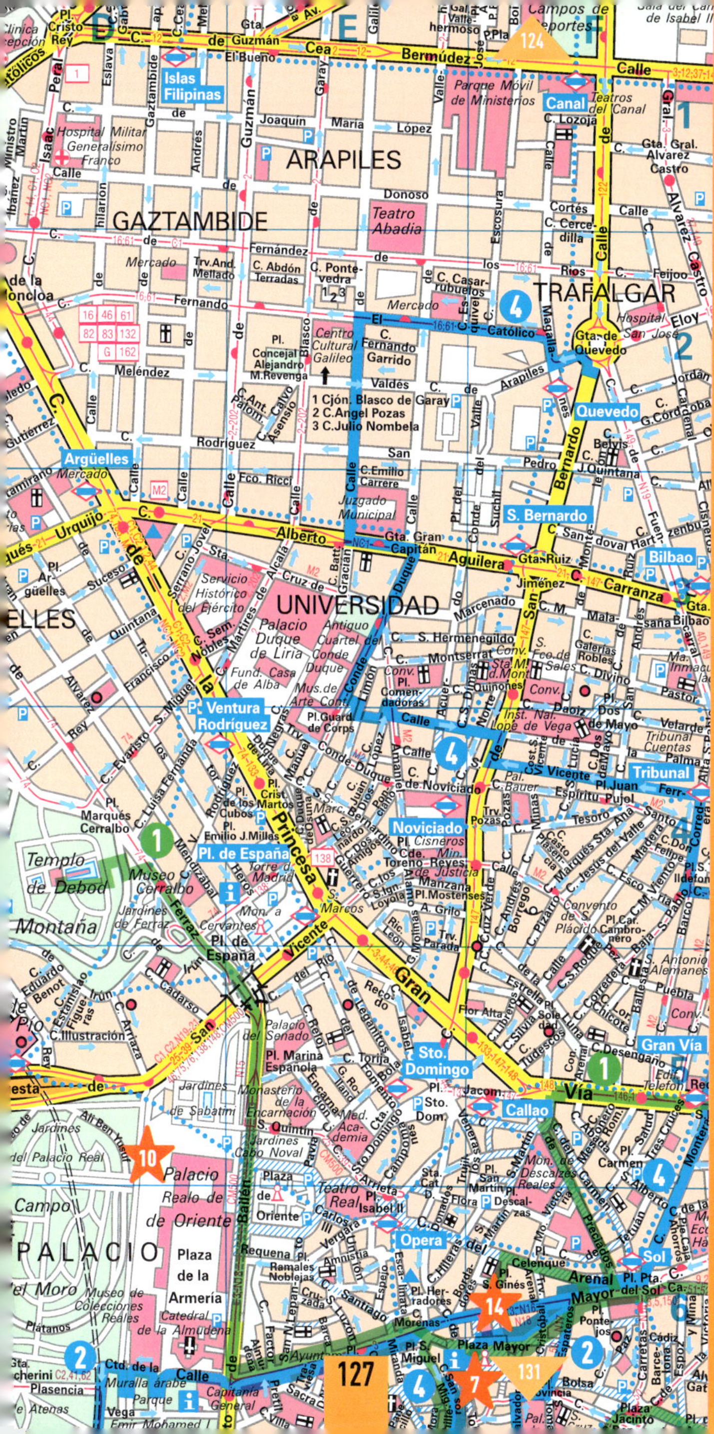
ARAPILES
GAZTAMBIDE
TRAFALGAR
UNIVERSIDAD
PALACIO
Islas Filipinas
Canal
Quevedo
Argüelles
S. Bernardo
Bilbao
Ventura Rodríguez
Tribunal
Noviciado
Pl. de España
Plaza de España
Santo Domingo
Callao
Gran Vía
Opera
Sol
Teatro Abadía
Teatros del Canal
Parque Móvil de Ministerios
Hospital Militar Generalísimo Franco
Centro Cultural Galileo
1 Cjón. Blasco de Garay
2 C.Angel Pozas
3 C.Julio Nombela
Juzgado Municipal
Servicio Histórico del Ejército
Palacio Duque de Liria
Fund. Casa de Alba
Antiguo Cuartel del Conde Duque
Mus.de Arte Cont.
Templo de Debod
Montaña
Museo Cerralbo
Jardines de Ferraz
Torre de Madrid
Palacio del Senado
Monasterio de la Encarnación
Jardines de Sabatini
Jardines del Palacio Real
Campo del Moro
Palacio Real de Oriente
Plaza de la Armería
Catedral de la Almudena
Museo de Colecciones Reales
Teatro Real
Plaza de Oriente
Mon. de Descalzas Reales
Plaza Mayor
Puerta del Sol
Muralla árabe
Capitanía General
Convento de S. Plácido
Tribunal Cuentas
Inst. Nal. Lope de Vega
Calle de Bravo Murillo
Calle de Alberto Aguilera
Gran Vía
Calle Mayor
Calle de la Princesa
124
131

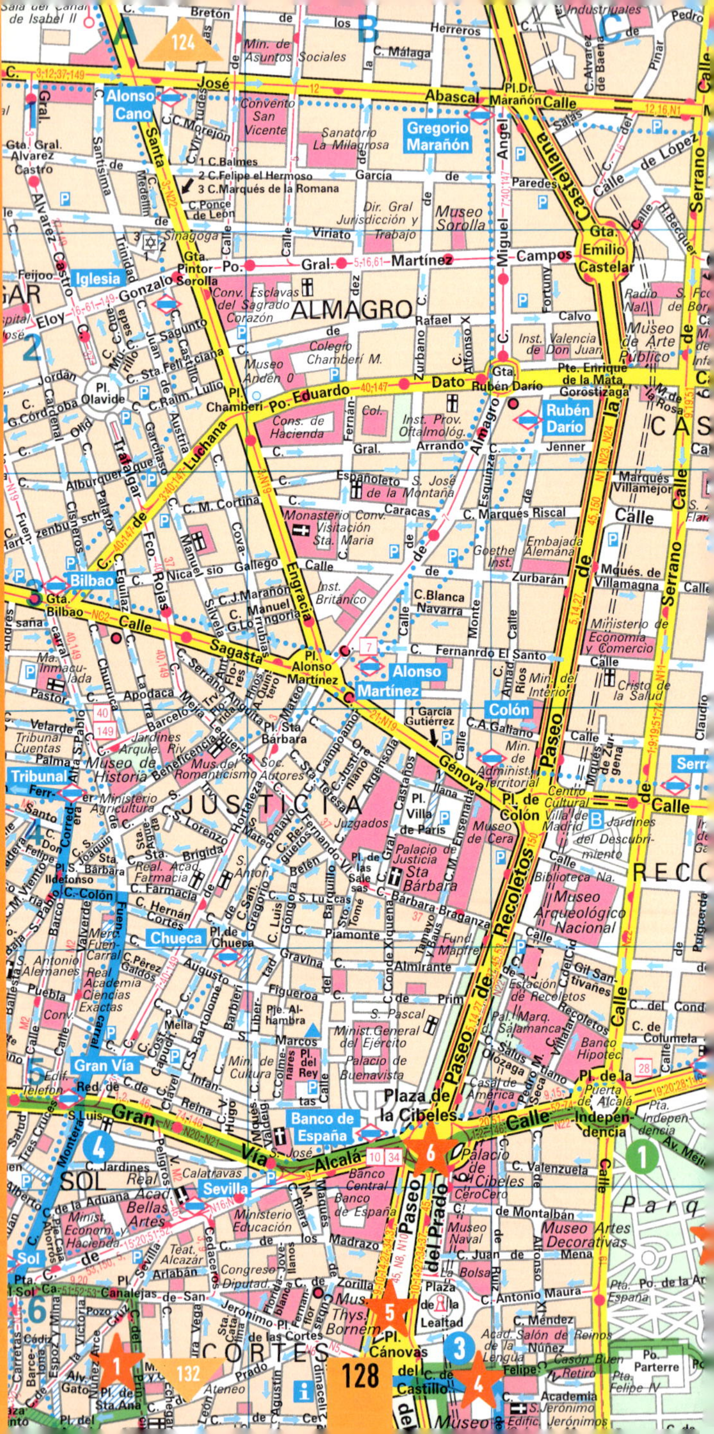
A
B
C
124
132
1
2
3
4
5
6
Bretón de los Herreros
C. Málaga
Min. de Asuntos Sociales
Sala del Canal de Isabel II
Industriales
Pedro
C. José Abascal
Alonso Cano
Pl. Dr. Marañón
Calle
C. Alvarez de Baena
Pinar
Gral. Gta. Gral. Alvarez Castro
Convento San Vicente
Sanatorio La Milagrosa
Gregorio Marañón
Salas
de López
Serrano
Santa Engracia
C. Morejón
1 C. Balmes
2 C. Felipe el Hermoso
3 C. Marqués de la Romana
García de Paredes
C. Ponce de León
Sinagoga
Dir. Gral Jurisdicción y Trabajo
Museo Sorolla
Miguel Angel
Castellana
Gta. Emilio Castelar
H. Becquer
Viriato
Gta. Pintor Sorolla
Po. Gral. Martínez Campos
Iglesia
Gonzalo
Conv. Esclavas del Sagrado Corazón
ALMAGRO
Fortuny
Radio Nal.
Eloy
Rafael Calvo
Museo de Arte Público
Inst. Valencia de Don Juan
Colegio Chamberí M.
Museo Andén 0
Pte. Enrique de la Mata Gorostizaga
Pl. Olavide
Jordán
Pl. Chamberí
Po. Eduardo Dato
Gta. Rubén Darío
Rubén Darío
Cons. de Hacienda
Col.
Inst. Prov. Oftalmológ.
Gral. Arrando
Almagro
Jenner
CAS
Luchana
Trafalgar
Garcilaso
Austria
Alburquerque
C. M. Cortina
Españoleto
S. José de la Montaña
Marqués Villamejor
Monasterio Conv. Visitación Sta. María
Caracas
C. Marqués Riscal
Calle
Embajada Alemana
Goethe Inst.
Zurbarán
Mqués. de Villamagna
Bilbao
Gta. Bilbao
Fco. Rojas
Gallego
Nicasio
C. J. Marañón
C. Manuel González Longoria
Inst. Británico
C. Blanca Navarra
Sagasta
Pl. Alonso Martínez
Alonso Martínez
Fernanrdo El Santo
Ministerio de Economía y Comercio
Ma. Inmaculada
Pastor
Apodaca
Barceló
Min. del Interior
Cristo de la Salud
Claudio
1 García Gutiérrez
C. A. Galiano
Colón
Velarde
Tribunal Cuentas
Jardines Arque. Riv.
Beneficencia
Pl. Sta Bárbara
Génova
Min. de Administ. Territorial
Paseo de Recoletos
Centro Cultural Villa de Madrid
Jardines del Descubrimiento
Tribunal
Museo de Historia
Mus. del Romanticismo
Soc. Autores
Ministerio Agricultura
JUSTICIA
Pl. Villa de París
Juzgados
Pl. de Colón
Museo de Cera
Palacio de Justicia
Sta Bárbara
Biblioteca Na.
Museo Arqueológico Nacional
RECO
Brígida
Real. Acad. Farmacia
C. Farmacia
Belén
C. Hernán Cortés
Chueca
Pl. de Chueca
Piamonte
Bárbara Braganza
Fund. Mapfre
Augusto Figueroa
Gravina
Almirante
Gil Santivañes
Estación de Recoletos
Real Academia Ciencias Exactas
Pje. Alhambra
Minist. General del Ejército
Palacio de Buenavista
Marq. Salamanca
Banco Hipotec.
Columela
Gran Vía
Min. de Cultura
Pl. del Rey
Plaza de la Cibeles
Casa de América
Pl. de la Puerta de Alcalá
Pta. Independencia
Calle Independencia
Gran Vía
Banco de España
Alcalá
Palacio de Cibeles
CeroCero
C. Valenzuela
Parq
SOL
Sevilla
Calatravas
Real Acad. Bellas Artes
Ministerio Educación
Banco Central
Banco de España
Paseo del Prado
Museo Naval
de Montalbán
Museo Artes Decorativas
Minist. Econom. y Hacienda
Sol
Teat. Alcázar
Arlabán
Congreso Diputad.
Madrazo
Zorrilla
Mus. Thys. Bornem.
Plaza de la Lealtad
C. Juan de Mena
Bolsa
C. Antonio Maura
Pta. España
Canalejas
Carrera de San Jerónimo
Pl. de las Cortes
CORTES
Pl. Cánovas del Castillo
Acad. de la Lengua
C. Méndez Núñez
Salón de Reinos
Casón Buen Retiro
Felipe IV
Po. Parterre
Academia
S. Jerónimo
Edific. Jerónimos
Museo
Pl. de Sta. Ana
Ateneo
Prado
Huertas
Pl. del

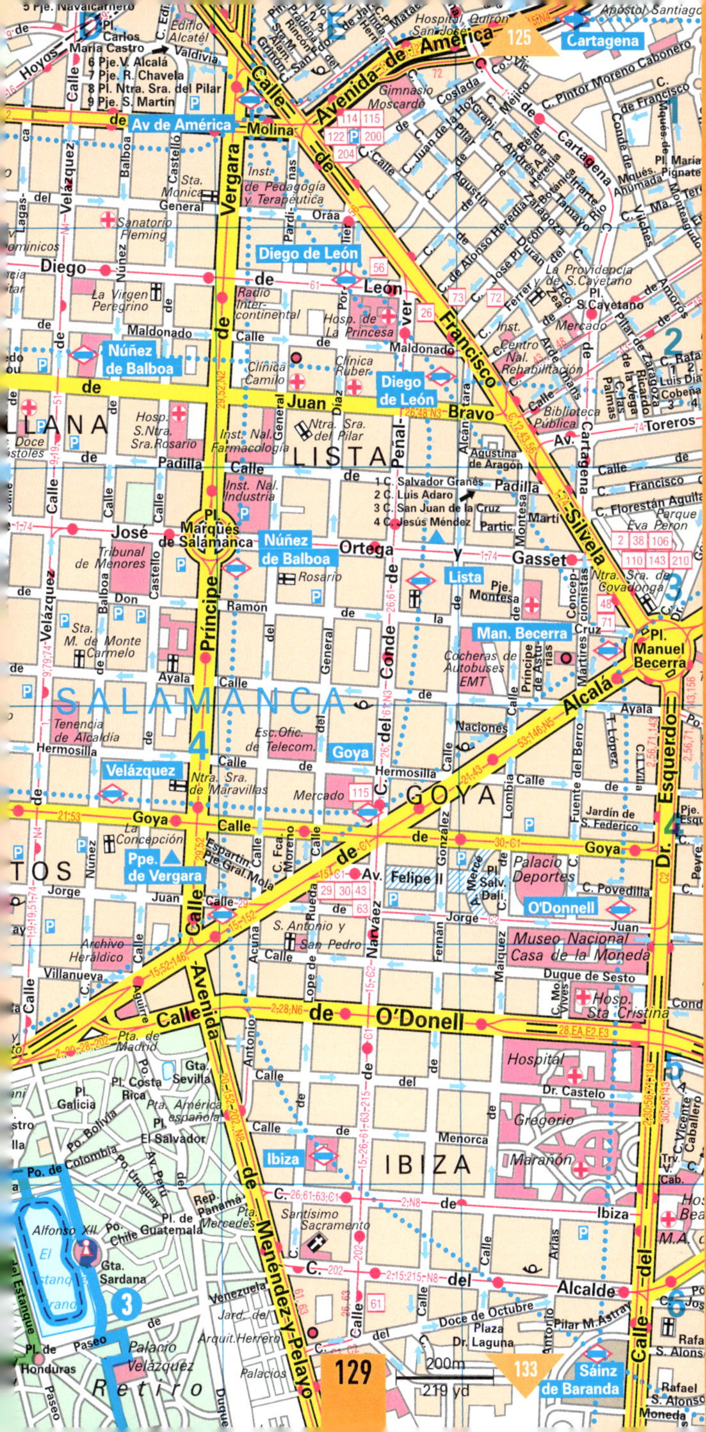

Cartagena
Diego de León
Núñez de Balboa
Lista
Man. Becerra
Goya
Velázquez
Ppe. de Vergara
O'Donnell
Ibiza
Sáinz de Baranda
SALAMANCA
LISTA
GOYA
IBIZA
Retiro
Calle de Francisco Silvela
Calle de Alcalá
Calle de O'Donell
Avenida de Menendez-Pelayo
Avenida de América
Calle del Dr. Esquerdo
Calle del Príncipe de Vergara
Museo Nacional Casa de la Moneda
Hospital Gregorio Marañón
Palacio Deportes
Pl. Manuel Becerra
Pl. Marqués de Salamanca
200 m
219 yd
125
133

126

A
B
C
1
2
3
4
5
6
Avenida de Portugal
Recinto Ferial Casa del Campo
Puerta del Angel
Alto de Extremadura
Pt. Pta. Extremadura
Pte. de Segovia
Puente de Segovia
Jardines del Puente
Centro Estud. Hidrográficos
Mando Aéreo de Combate Ejército del Aire
Servicio Geológico del M.O.P.T.
Col. Molino de Viento
Col. Cerro Bermejo
Col. Juan Tornero
Parque de Caramuel
PUERTA DEL ÁNGEL
Centro Comercial La Ermita
Col.de Carmen
Col. Olivar
Piscina Miami
Parque los Olivos
Parque de la Cuña Verde de Latina
LATINA
10
Cochera de Metro
Barrio de Goya
Sacramental de San Justo
Cementerio de San Isidro
Ermita de San Isidro
LOS CÁRMENES
Paseo de la Ermita del Santo
Paseo de la Virgen del Puerto
Avenida del Manzanares
M-30
Pte. Elevado de S. Isidro
Parque Atlético
Río Manzanares
Parque de San Isidro
Col. Sta. M. Micaela
Sacramental de San Isidro
SAN ISIDRO
1 C. José María Galván
2 C. Ntra. Sra. Esperanza
Polideportivo Velódromo de Carabanchel
Cementerio Inglés
Bo. Tercio del Terol
Urgel
C. General Ricardos
CARABANCHEL
OPAÑ
Vía Carpetana
C. Concejal Francisco José Jiménez Martín
Calle de los Olivos
Paseo de Extremadura
Calle del Marqués de Vadillo

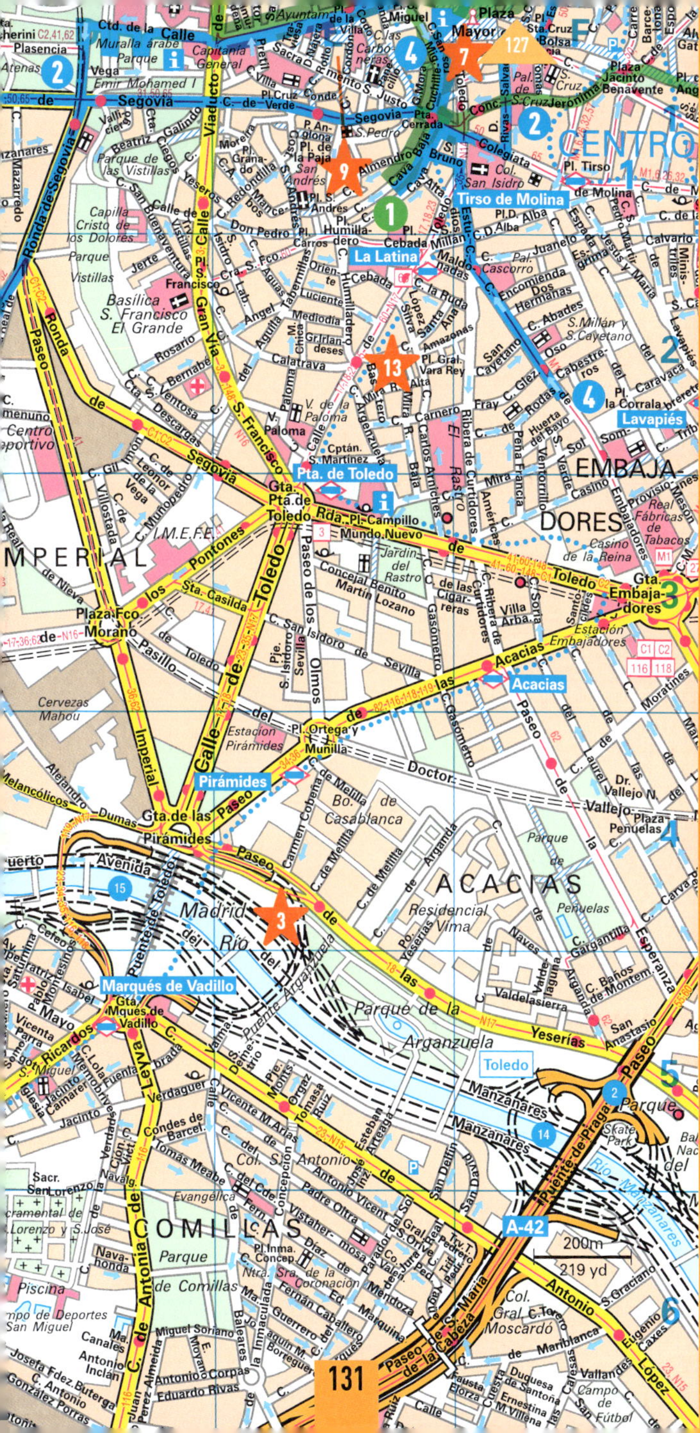
CENTRO
EMBAJADORES
IMPERIAL
ACACIAS
COMILLAS
Plaza Mayor
Tirso de Molina
La Latina
Lavapiés
Pta. de Toledo
Embajadores
Acacias
Pirámides
Marqués de Vadillo
Ronda de Segovia
Gran Vía de S. Francisco
Calle de Toledo
Paseo de los Pontones
Paseo Imperial
Paseo de las Acacias
Paseo de Yeserías
Paseo de la Chopera
Paseo de la Esperanza
Paseo de Santa María de la Cabeza
Calle de Antonio López
Calle de Segovia
Basílica S. Francisco El Grande
Parque de las Vistillas
El Rastro
Real Fábrica de Tabacos
Casino de la Reina
Estación Pirámides
Estación Embajadores
Cervezas Mahou
Parque de la Arganzuela
Parque de Comillas
Residencial Vima
Puente de Toledo
Puente de Praga
Río Manzanares
Madrid Río
Skate Park
200m
219 yd
A-42

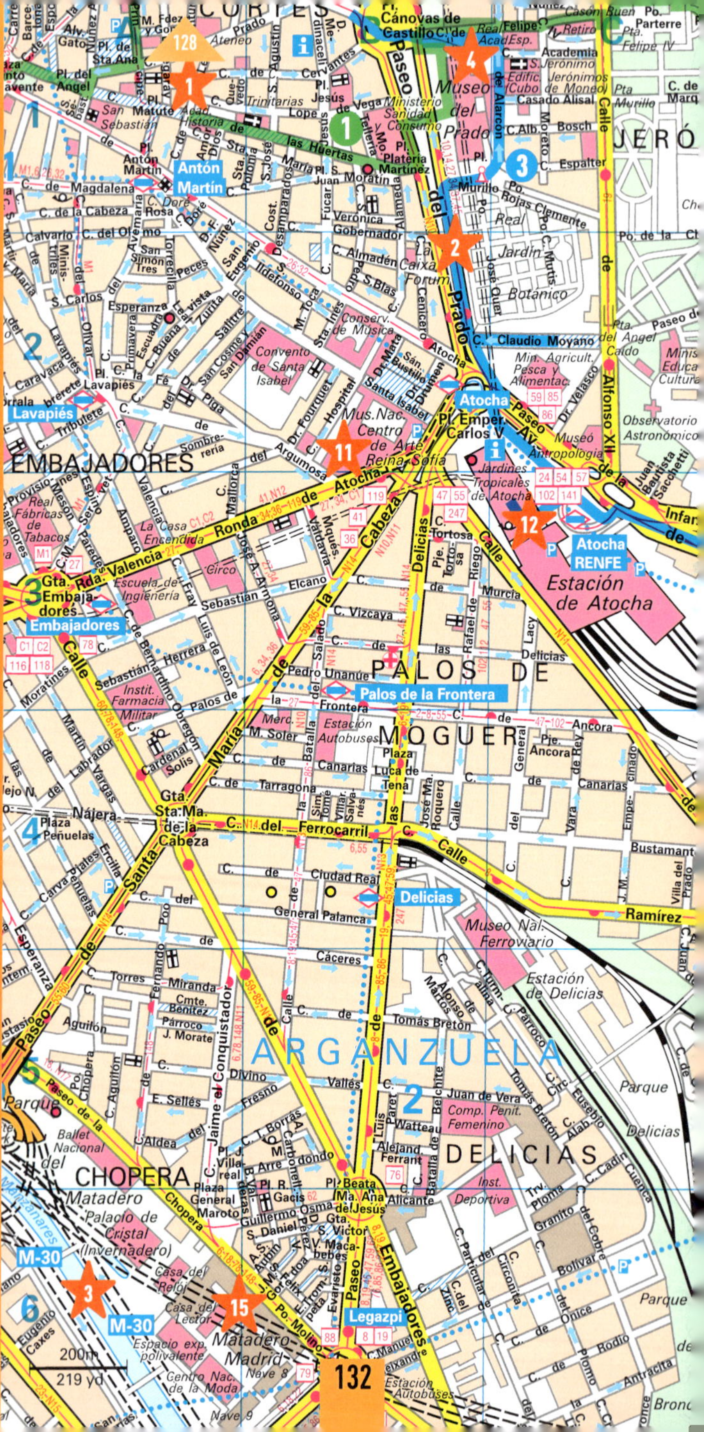
128
Cánovas de Castillo
Paseo del Prado
Museo del Prado
Jardín Botánico
Caixa Forum
Ministerio Sanidad y Consumo
Antón Martín
Lavapiés
EMBAJADORES
Atocha
Pl. Emper. Carlos V
Mus. Nac. Centro de Arte Reina Sofía
Ronda de Atocha
Estación de Atocha
Atocha RENFE
Museo Antropología
Jardines Tropicales de Atocha
Observatorio Astronómico
Min. Agricult. Pesca y Alimentac.
Conserv. de Música
Convento de Santa Isabel
Real Fábrica de Tabacos
La Casa Encendida
Escuela de Ingeniería
Gta. Embajadores
Embajadores
Instit. Farmacia Militar
PALOS DE MOGUER
Palos de la Frontera
Estación Autobuses
Gta. Sta. Ma. de la Cabeza
Paseo de Santa María de la Cabeza
C. del Ferrocarril
Delicias
Museo Nal. Ferroviario
Estación de Delicias
ARGANZUELA
Comp. Penit. Femenino
DELICIAS
Inst. Deportiva
Parque Delicias
CHOPERA
Ballet Nacional
Matadero
Palacio de Cristal (Invernadero)
Casa del Reloj
Casa del Lector
Matadero Madrid
Espacio exp. polivalente
Centro Nac. de la Moda
Nave 8
Nave 9
Paseo de Embajadores
Legazpi
M-30
Manzanares
Estación Autobuses
200m
219 yd
132

129
E
F
Retiro
RETIRO
NIÑO JESÚS
Palacio de Cristal
Palacio Velázquez
Paseo de la República de Cuba
Jardines de Cecilio Rodríguez
Duque de Fernán Núñez
Palacios
Hospital del Niño Jesús
Av. de Menéndez y Pelayo
Pío Baroja
C. Pío Baroja
Torre del Retiro
Col. Previsores de la Construcción
Sáinz de Baranda
Rafael S. Alonso
Moneda
Samaría
Calle del Dr. Esquerdo
Pta. Granada
Uruguay
Paseo
Gta. del Ángel Caído
Paseo del Duque Fernán Núñez
La Rosaleda
Viveros Municipales
Pta. del Pacífico
Pl. Niño Jesús
Portal Belén
Anunciación
Avenida de Nazaret
Gta. Fuenti-dueñas
V. María
J. Cueva
M. Sarmiento
Arias
Avendaño
Juan Jáuregui
Abtao
Montano
Titulcia
Jesús
Jericó
Anto. Bienvenida
Reyes
Magos
Amado Nervo
Pl. Reyes Magos
Col. del Retiro
Conde
J. Rey Pastor
Juan de Urbieta
Viera y Clavijo
Angel Ganivet
Fco. Vitoria
Cartagena
Homero
Walia
Poeta Esteban Villegas
C. Juan Valera
Andrés Torrejón
Querol
Julián Gayarre
Gutenberg
Pl. Mariano de Cavia
Av. del Mediterráneo
Po. Reina Cristina
Fuenterrabía
Real Fábrica de Tapices
Vandergoten
Panteón de Ilustres
Nta. Sra. Atocha
Pl. del Conde Casal
Cde. de Casal
Estac. Autobús
Estación Autobuses
C. Fernández-Shaw
Carlos-y-Guillermo
Av. de Menéndez Pelayo
José S. Pescador
Narciso Serra
Urbieta
Ntra. Señora de la Paz
Juan de Mena
Cavanilles
Barcaiztegui
Regalada
Sánchez
Compañía Metropol.
Valderribas
Biblioteca
Santa Sabina
Pajaritos
Adelfas
Garibay
Luis Mitjans
Suárez
N. Baztán
PACÍFICO
ADELFAS
Anto. Nebrija
Menéndez Pelayo
Comercio
Av. de la Ciudad de Barcelona
Gral. Velarde
León Palacio
Trv. Téllez
Téllez
C. Vigo
Caridad
Granada
Andalucía
Catalina
Valderribas
Fundación Para Ciegos
Pacífico
C. del Alberche
Hoyuelo
Calle Pedro Bosch
Ciudad de Barcelona
Agustín Viñamata
Fco. Abril
Mesejo
Juanes
Hnos. Ruiz
Cerro de la Plata
ATOCHA
Los Montes
Atamedilla
Repsol
C. Oriana
C. Sabal
Mezquite
Amaltea
Shaula
Jacaranda
C. Almez
Tejo
Calle de Pedro Bosch
Estación de Méndez Álvaro
Méndez Álvaro
Estación Autobuses
Ombú
Kentia
Tamarindo
Acanto
Retama
Játiva
Gandía
Barrilero
California
C. Luis Peidró
C. Cerro Negro
Pte. de Vallecas
Albufera
Robles
Lozano
Peña Ubiña
Melquiades
Martínez
Ramón Calabuig
Piedrafita
I. J. Navarro
Felisa Méndez
Pico Cebollera
Emilio Raboso
Sa. Castillo
Pto. de Canencia
Pico Javalón
Mano de Hierro
Quijada
Laguna
Cantos
Pandiel
Almansa
SAN DIEGO
Av. de la Paz
Avenida del Planetario
Barrio del Japón
Denébola
C. Villarobledo
Meneses
C. del Planeta
Tierra
Eros
Titán
Ariel
IMAX Madrid
Auditorio
Avenida de
Trav. Suspiro del Moro
Trv. Quijada de Pandiellos
C. Monte Naranco

COLLADO-VILLALBA
Estepar
Campamento de Navallera
Navalsol
El Campillo
Guadarrama
Villalba
Los Negrales
San Ignacio
Las Zorreras
Abantos
1753
San Lorenzo de El Escorial
Monasterio de El Escorial
El Escorial
Navalquejigo
Las Suertes de Villalba
La Navata
El Encinar y San Alberto
Berzosa
Casa la Atalaya
Hoyo de Manazanares
Palacio Canto del Pico
Torrelodones
Las Rozuelas
Casa de la Atalaya
Ermita de la Virgen de Gracia
Ermita de San Juan
Pinosol
GALAPAGAR
El Encinar de los Reyes
Colmenarejo
Las Marías
Los Peñascales
Las Matas
Zarzalejo
La Pizarrera
Los Ranchos
Embalse de Valmayor
Pajares
Peralejo
Valmayor
Parque
Madroñal
844
El Paraíso
Pino Alto
Convento de El Pardo
Valdemorillo
Puente la Sierra
Mirador del Romero
Villanueva del Pardillo
LAS ROZAS DE MADRID
El Tejar
Casa Quemada
La Florida
Fresnedillas
Navalagamella
Villafranca del Castillo
Palacio de Ballesteros
MAJADAHONDA
El Plantío
Estación Espacial de Fresnedillas
Ermita del Cristo de la Encarnación
Cerro Alarcón
Aquópolis
Villanueva de la Cañada
Regional
Bonanza
Monte Claro
Valdecabañas
Prado Largo
Las Lomas
POZUELO DE ALARCÓN
Los Rosales
Quijorna
(575)
El Cortijo
Olivar de Miraval
Monte de las Enchas
Colmenar del Arroyo
Guadamonte
BOADILLA DEL MONTE
La Cabaña
Palacio
Perales de Milla
Monte Príncipe
Prado de Somosaguas
Palacio de los Molinillos
Emb. de Navalagamella
Brunete
Campamento
Chapinería
El Bosque
Venta de la Rubia
Cuatro Vientos
Palacio de Milla
Los Cortijos
Cortijos
Campodón
Villanueva de Perales
VILLAVICIOSA DE ODÓN
del Curso Medio
El Castillo de Villaviciosa
Sevilla la Nueva
Casa de Esquerdo
ALCORCÓN
Polvoranca
Villamantilla
Pinares Llanos
Aldea del Fresno
Las Mercedes
del Río
Parque Coimbra
LEGANÉS
Navayuncosa
El Socorro
Villamanta
Navalcarnero
(671)
MÓSTOLES
Prov. de Madrid
Prov. de Toledo
Guadarrama
Valdefuentes
Loranca
San Roque
Los Vegones
Arroyomolinos
Moraleja de Enmedio
Calypo II
Fado
Casa Vieja del Monte
Humanes de Madrid
Méntrida
El Álamo
Cotorredondo
Casa del Champiñón
y su entorno
Serranillos
Batres
Griñón
Torrejón de la Calzada
Castillo Palacio
Valmojado
Casarrubios del Monte
Serranillos del Valle
Cubas de la Sagra
Nuestra Señora de la Cruz
Castillo
Carranque
Casarrubuelos
Las Ventas de Retamosa
Pedregal
Casas el Río
Ugena
Cabeza Morgaz
631
El Viso de S. Juan
Colonia Hispania
Palomeque
Cedillo del Condado
Illescas
Yeles
AVE
Camarena
Chozas de Canales
Lominchar
Yuncos
Numancia de la Sagra
Casas de Tocenaque
Cerámica
La Sagra
Arcicóllar
Recas
Yuncler
Pantoja
Cerámica La Paloma
Villaluenga
5 km
3.11 mi
Yunclillos
Camarenilla
Villaluenga de la Sagra
Cobeja
Huecas
Río Guadarrama
Arroyo de Valdeguerismo
Arroyo de Gansito
Arroyo de Guatén

D
E
F
Valdelagua
Santo Domingo
Fuente el Saz de Jarama
Valdeolmos (Valdeolmos-Alalpardo)
Alalpardo
Serracines
Valdeavero
Castillo de Viñuelas
Ciudalcampo
Soto Mozaraque
Soto de Viñuelas
Circuito del Jarama
Retamar
Los Chotos
Fuente del Fresno
Algete
Fresno de Torote
Ermita de la Soledad
Camarma del Caño
TRES CANTOS
Valdemasa
Villanueva
Cobeña
SAN SEBASTIÁN DE LOS REYES
Belvis de Jarama
Daganzo de Arriba
Valdehornos
Meco
Palacio Belvis
Universidad Autónoma de Madrid
Jarama
Barajas
Ajalvir
Camarma de Esteruelas
Valdelatas
ALCOBENDAS
Alcalá H.
ALCALÁ DE HENARES
El Soto
La Moraleja
El Encinar de los Reyes
Paracuellos
Las Jarillas
Aeropuerto
Paracuellos de Jarama
I.N.T.A.
Fuencarral
Hortaleza
Barajas
Aeropuerto Adolfo Suárez Madrid-Barajas
Virgen del
Canillas
Recinto Ferial
Alameda de Osuna
TETUÁN
Espinillos
(rom. Complutum) (árab. al-Kala an-)
Ciudad Universitaria
Canillejas
TORREJÓN DE ARDOZ
Zulema
SAN FERNANDO DE HENARES
Los Hueros
CENTRO
BUENA VISTA
Soto de Aldovea
Baezuela
MADRID
Castillo de Aldovea
Palacio Real
El Retiro
COSLADA
Los Viveros
LATINA
Moratalaz
Palacio de El Negralejo
Mejorada del Campo
Torres de la Alameda
Puente de Vallecas
Vicálvaro
Balneario de la Margarita
Loeches
Rivas de Jarama
Velilla de San Antonio
La Partija
Villa de Vallecas
Pablo Iglesias
Covibar
Támbora
Merca-madrid
El Piul
San Juan (ruinas)
Villaverde
Campo Real
RIVAS-VACIAMADRID
VACIAMADRID
Cerro de los Ángeles
Perales del Río
Canal del Manzanares
Casa Eulogio
Piedra
GETAFE
La Poveda
Río Manzanares
Parque
ARGANDA
BRADA
La Marañosa
Soto de Pajares
Los Almendros
Emisora Telecomunicación
Regional
Río Jarama
El Campillo
Poblado Nuevo
La Boyeriza
Ermita de San Isidro
Tielmes
PINTO
Gózquez de Arriba
del Sureste
Gózquez de Abajo
Morata de Tajuña
Perales de Tajuña
Castillo de Duques de Frías
Warner Bros. Park
Cueva de la Jirana
Río Tajuña
Pinto/ Parla
Casa de las Niñas
Valdeperales
Polígono Industrial Valdemoro
San Martín de la Vega
Fabricá
ALDEMORO
Villas
Ciempozuelos
San Galindo
Villaverde
Molino de Ruas
Castillo de Casasola
Valdelaguna
Chinchón
Prov. de Madrid
Prov. de Toledo
Nuevo Chinchón
Titulcia
Parador
Belmonte de Tajo
Seseña
Colmenar de Oreja
Castillo de Puñonrostro
Seseña Nuevo
Apd. Seseña
S.Juan
Villaconejos
Seseña/ Esquivias/ Illescas
AVE
Borox
Real Cortijo de San Isidro
San Miguel
La Aldehuela
Casa de la Cerámica
Río Tajo
Oreja
Torrique
Castillo
Nuestra Señora del Castellar
Valdajos
Casa de Ortega
ARANJUEZ
Soto

Das Register enthält eine Auswahl der im Cityatlas dargestellten Straßen und Plätze

KARTENLEGENDE

Autopista Autobahn	Motorway Autoroute
Carretera de cuatro carriles Vierspurige Straße	Road with four lanes Route à quatre voies
Carretera de tránsito Durchgangsstraße	Thoroughfare Route de transit
Carretera principal Hauptstraße	Main road Route principale
Otras carreteras Sonstige Straßen	Other roads Autres routes
Aparcamiento - Información Parkplatz - Information	Parking place - Information Parking - Information
Calle de dirección única Einbahnstraße	One-way street Rue à sens unique
Zona peatonal Fußgängerzone	Pedestrian zone Zone piétonne
Ferrocarril principal con estación Hauptbahn mit Bahnhof	Main railway with station Chemin de fer principal avec gare
Otro ferrocarril Sonstige Bahn	Other railway Autre ligne
Subterráneo U-Bahn	Underground Métro
Tranvía - Ferry Straßenbahn - Autofähre	Tramway - Car ferry Tramway - Bac pour automobiles
Teleférico Kabinenschwebebahn	Aerial cableway Téléférique
Iglesia - Mezquita Kirche - Moschee	Church - Mosque Église - Mosquée
Sinagoga Synagoge	Synagogue Synagogue
Monumento Denkmal	Monument Monument
Comisaria de policía - Correos Polizeistation - Postamt	Police station - Post office Poste de police - Bureau de poste
Torre - Torre de radio Turm - Funkturm	Tower - Radio tower Tour - Tour radio
Hospital - Albergue juvenil Krankenhaus - Jugendherberge	Hospital - Youth hostel Hôpital - Auberge de jeunesse
Zona edificada, edificio público Bebaute Fläche, öffentliches Gebäude	Built-up area, public building Zone bâtie, bâtiment public
Zona industrial Industriegelände	Industrial area Zone industrielle
Parque, bosque - Cementerio Park, Wald - Friedhof	Park, forest - Cemetery Parc, bois - Cimetière
Autobús al aeropuerto Flughafenbus	Airport bus Bus d'aéroport
MARCO POLO Recorrido aventura 1 MARCO POLO Erlebnistour 1	MARCO POLO Discovery Tour 1 MARCO POLO Tour d'aventure 1
MARCO POLO Recorrido aventura MARCO POLO Erlebnistouren	MARCO POLO Discovery Tours MARCO POLO Tours d'aventure
MARCO POLO Highlight	MARCO POLO Highlight

FÜR IHRE NÄCHSTE REISE ...

ALLE MARCO POLO REISEFÜHRER

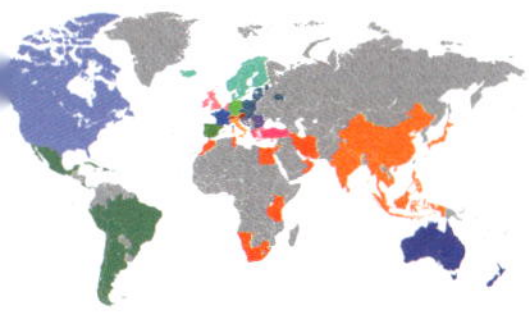

DEUTSCHLAND
Allgäu
Bayerischer Wald
Berlin
Bodensee
Chiemgau/Berchtesgadener Land
Dresden/Sächsische Schweiz
Düsseldorf
Eifel
Erzgebirge/Vogtland
Föhr & Amrum
Franken
Frankfurt
Hamburg
Harz
Heidelberg
Köln
Lausitz/Spreewald/Zittauer Gebirge
Leipzig
Lüneburger Heide/Wendland
Mecklenburgische Seenplatte
Mosel
München
Nordseeküste Schleswig-Holstein
Oberbayern
Ostfriesische Inseln
Ostfriesland/Nordseeküste Niedersachsen/Helgoland
Ostseeküste Mecklenburg-Vorpommern
Ostseeküste Schleswig-Holstein
Pfalz
Potsdam
Rheingau/Wiesbaden
Rügen/Hiddensee/Stralsund
Ruhrgebiet
Schwarzwald
Stuttgart
Sylt
Thüringen
Usedom
Weimar

ÖSTERREICH SCHWEIZ
Kärnten
Österreich
Salzburger Land
Schweiz
Steiermark
Tessin
Tirol
Wien
Zürich

FRANKREICH
Bretagne
Burgund
Côte d'Azur/Monaco
Elsass
Frankreich
Französische Atlantikküste
Korsika
Languedoc-Roussillon
Loire-Tal
Nizza/Antibes/Cannes/Monaco
Normandie
Paris
Provence

ITALIEN MALTA
Apulien
Dolomiten
Elba/Toskanischer Archipel
Emilia-Romagna
Florenz
Gardasee
Golf von Neapel
Ischia
Italien
Italienische Adria
Italien Nord
Italien Süd
Kalabrien
Ligurien/Cinque Terre
Mailand/Lombardei
Malta & Gozo
Oberital. Seen
Piemont/Turin
Rom
Sardinien
Sizilien/Liparische Inseln
Südtirol
Toskana
Venedig
Venetien & Friaul

SPANIEN PORTUGAL
Algarve
Andalusien
Azoren
Barcelona
Baskenland/Bilbao
Costa Blanca
Costa Brava
Costa del Sol/Granada
Fuerteventura
Gran Canaria
Ibiza/Formentera
Jakobsweg Spanien
La Gomera/El Hierro
Lanzarote
La Palma
Lissabon
Madeira
Madrid
Mallorca
Menorca
Portugal
Spanien
Teneriffa

NORDEUROPA
Bornholm
Dänemark
Finnland
Island
Kopenhagen
Norwegen
Oslo
Schweden
Stockholm
Südschweden

WESTEUROPA BENELUX
Amsterdam
Brüssel
Cornwall & Devon
Dublin
Edinburgh
England
Flandern
Irland
Kanalinseln
London
Luxemburg
Niederlande
Niederländische Küste
Oxford
Schottland
Südengland

OSTEUROPA
Baltikum
Budapest
Danzig
Krakau
Masurische Seen
Moskau
Plattensee
Polen
Polnische Ostseeküste/Danzig
Prag
Slowakei
St. Petersburg
Tallinn
Tschechien
Ungarn
Warschau

SÜDOSTEUROPA
Bulgarien
Bulgarische Schwarzmeerküste
Kroatische Küste Dalmatien
Kroatische Küste Istrien/Kvarner
Montenegro
Rumänien
Slowenien

GRIECHENLAND TÜRKEI ZYPERN
Athen
Chalkidikí/Thessaloníki
Griechenland Festland
Griechische Inseln/Ägäis
Istanbul
Korfu
Kos
Kreta
Peloponnes
Rhodos
Sámos
Santorin
Türkei
Türkische Südküste
Türkische Westküste
Zákinthos/Itháki/Kefalloniá/Léfkas
Zypern

NORDAMERIKA
Chicago und die Großen Seen
Florida
Hawai'i
Kalifornien
Kanada
Kanada Ost
Kanada West
Las Vegas
Los Angeles
New York
San Francisco
USA
USA Ost
USA Südstaaten/New Orleans
USA Südwest
USA West
Washington D.C.

MITTEL- UND SÜDAMERIKA
Argentinien
Brasilien
Chile
Costa Rica
Dominikanische Republik
Jamaika
Karibik/Große Antillen
Karibik/Kleine Antillen
Kuba
Mexiko
Peru & Bolivien
Yucatán

AFRIKA UND VORDERER ORIENT
Ägypten
Djerba/Südtunesien
Dubai
Iran
Israel
Jordanien
Kapstadt/Wine Lands/Garden Route
Kapverdische Inseln
Kenia
Marokko
Marrakesch
Namibia
Oman
Rotes Meer & Sinai
Südafrika
Tansania/Sansibar
Tunesien
Vereinigte Arabische Emirate

ASIEN
Bali/Lombok/Gilis
Bangkok
China
Hongkong/Macau
Indien
Indien/Der Süden
Japan
Kambodscha
Ko Samui/Ko Phangan
Krabi/Ko Phi Phi/Ko Lanta/Ko Jum
Malaysia
Myanmar
Nepal
Peking
Philippinen
Phuket
Shanghai
Singapur
Sri Lanka
Thailand
Tokio
Vietnam

INDISCHER OZEAN UND PAZIFIK
Australien
Malediven
Mauritius
Neuseeland
Seychellen

Viele MARCO POLO Reiseführer gibt es auch als eBook – und es kommen ständig neue dazu!
Checken Sie das aktuelle Angebot einfach auf: www.marcopolo.de/e-books

REGISTER

Im Register finden Sie alle in diesem Reiseführer beschriebenen Sehenswürdigkeiten und Museen. Gefettete Seitenzahlen verweisen auf den Haupteintrag.

SCHREIBEN SIE UNS!

Egal, was Ihnen Tolles im Urlaub begegnet oder Ihnen auf der Seele brennt, lassen Sie es uns wissen! Ob Lob, Kritik oder Ihr ganz persönlicher Tipp – die MARCO POLO Redaktion freut sich auf Ihre Infos.
Wir setzen alles dran, Ihnen möglichst aktuelle Informationen mit auf die Reise zu geben. Dennoch schleichen sich manchmal Fehler ein – trotz gründlicher Recherche unserer Autoren/innen. Sie haben sicherlich Verständnis, dass der Verlag dafür keine Haftung übernehmen kann.

MARCO POLO Redaktion
MAIRDUMONT
Postfach 31 51
73751 Ostfildern
info@marcopolo.de

IMPRESSUM
Titelbild: Catedral de la Almudena (Getty Images: S. Sonnet)
Fotos: R. Freyer (6, 104/105, 106/107); Getty Images: S. Sonnet (1 o.); huber images/SIME: P. Giocoso (55, huber-images: P. Giocoso (Klappe oben, 23), S. Kremer (7), A. Pavan (8), S. Raccanello (11), M. Ripani (51), R. Spila (4 o.); huber-images/SIME: P. Giocoso (17); Laif: M. Gumm (89), Huber (107); Laif iamges/Redux/VWpics: L. Vallecillos (42); Laif: G. Knechtel (68), T. Linkel (4 u., 84/85), Westrich (10); Laif/hemis.fr.: B. Gardel (70/71); Laif/The New York Times/Redux: C. Lujan (58); Look: Pompe (66/67); mauritius images: M. Lange (74/75), C. Seba (82/83); mauritius images/age (40, 109); mauritius images/age Fotostock: I. Caperochipi (62 li.); mauritius images/age fotostock: R. Fernández (104); Mauritius images/age fotostock/Facto Foto (14/15); mauritius images/age fotostock/Facto Foto (20/21); Mauritius images/age fotostock/Facto Foto (86/87); mauritius images/age fotostock/facto Foto (120/121); mauritius images/AGF: M. Giuseppe (26/27, 30, 44/45); mauritius images/Alamy (Klappe unten, 2, 3, 9, 12/13, 18 o., 25, 61, 64, 90, 98/99, 103, 108 u.), J. Blackler (72), A. de Frias (105), J. Greenberg (37), S. May (18 u.), L. Vallecillos (33, 34, 38, 78, 80, 92/93); mauritius images/Alamy/Classic Image (52/53); mauritius images/Alamy/PhotoStock-Israel (19 u.); mauritius images/Alamy/RosalreneBetancourt 13/ Pablo Picasso, Guernica, 1937 (MNCA Reina Sofia) © Succession Picasso / VG Bild-Kunst, Bonn 2018 (46/47); mauritius images/ Alamy/RosalreneBetancourt 14 (18 M.); mauritius images/foodcollection (62 re.); mauritius images/Imagebroker: S. Kiefer (49); Mauritius images/Imagebroker: M. Weber (5); mauritius images/Imagebroker/White Star: A. Mateo (108 o.); mauritius images/Travel Collection: C. Körte (76), L. Spörl (19 o.); S. Thiel (1 u.); White Star: M. Gumm (56/57), Steinert (106)

15., aktualisierte Auflage 2019

Chefredaktion: Marion Zorn; Autor: Martin Dahms; Bearbeiterin: Susanne Thiel; Redaktion: Nikolai Michaelis
Verlagsredaktion: Lucas Forst-Gill, Susanne Heimburger, Tamara Hub, Johanna Jiranek, Nikolai Michaelis, Kristin Wittemann, Tim Wohlbold; Bildredaktion: Gabriele Forst; Im Trend: Susanne Thiel, wunder media, München
Kartografie Reiseatlas und Faltkarte: © MAIRDUMONT, Ostfildern
Gestaltung Cover, S. 1, Faltkartencover: Karl Anders – Studio für Brand Profiling, Hamburg; Gestaltung innen: milchhof:atelier, Berlin; Gestaltung S. 2/3, Erlebnistouren: Susan Chaaban Dipl.-Des. (FH)
Sprachführer: in Zusammenarbeit mit Ernst Klett Sprachen GmbH, Stuttgart, Redaktion PONS Wörterbücher

Printed in Italy

BLOSS NICHT

Ein paar Dinge, auf die Sie achten oder die Sie vermeiden sollten

AN FREMDE TISCHE SETZEN

Spanier setzen sich nicht zu fremden Leuten an den Tisch. Nur unter Jugendlichen sind die Sitten etwas lockerer. In Restaurants sind selbst freie Tische tabu: Der Gast wartet, bis er vom Kellner einen zugewiesen bekommt.

MITKLATSCHEN

Jedenfalls nicht beim Flamenco. Die kunstvollen *palmas* sind Teil der Musik. Mancher im Publikum hat das richtige Gespür für die Rhythmen – ein frisch angekommener Tourist eher nicht.

FALSCHE SCHLÜSSE ZIEHEN

Urige Tavernen sorgen nicht selten für entsetzte Gesichter unter den Touristen, wenn sie den Fußboden erblicken. Olivenkerne, Papierservietten und Garnelenschalen türmen sich unter der Bartheke. Keine Sorge, die Abfälle sind kein Zeichen für eine Schmuddelbar, sondern gehören hier zum guten Ton und werden regelmäßig weggefegt.

ALKOHOL VOR DER KNEIPE TRINKEN

So lecker die Zigarette mit der *caña* auch schmeckt – wenn eine Bar keine Lizenz für eine *terraza* hat, sondern nur ein Tisch für die Raucher vor der Tür steht, muss das Glas Wein drinnen bleiben. Sollte eine Polizeistreife vorbeifahren und die Gäste mit alkoholischen Getränken vor der Tür erwischen, ist für den Barbesitzer ein Knöllchen von 3000 Euro fällig.

SCHWARZWARE KAUFEN

Handtaschen von Gucci & Co., CDs, DVDs, Ray-Ban-Sonnenbrillen und Real-Madrid-Shirts zu verlockenden Preisen bekommen Sie bei den jungen Schwarzafrikanern, die im Zentrum ihre Waren auf Decken ausbreiten. Wirklich? Natürlich handelt es sich um Fälschungen. Sobald die Polizei im Anmarsch ist, ziehen die Jungs ihre Ware an vier Leinen zusammen und suchen mit dem Sack auf dem Rücken das Weite – sie machen den „Santa Claus". Und Sie sollten lieber die Finger von der Schwarzware lassen, denn hier zu kaufen ist nicht nur illegal, Sie tun noch nicht einmal den Immigranten einen Gefallen: Die sind ohne jeden sozialen Schutz, das dicke Geschäft machen mafiöse Hintermänner.

AUF GRÜN VERTRAUEN

Eine Ampel wird von den Madridern nur als Empfehlung verstanden: Man kann sie beachten, muss aber nicht. Noch gefährlicher ist die Angewohnheit vieler Autofahrer, gerade noch bei Tieforange durchzubrausen. Augen auf!

DIEBE IN VERSUCHUNG FÜHREN

Tragen Sie so wenig Wertsachen wie möglich mit sich herum, passen Sie in der Metro, im Gedränge und generell in Menschenmengen besonders gut auf und lassen Sie sich nicht von zwei, drei Unbekannten zugleich ansprechen, auch nicht von angeblichen Polizisten in Zivil.